INHALT

Vorwort . . . .

Der Rheingau – das Land und der Wein .

LORCH UND UMGEBUNG 10

1 Weingut Friedrich Altenkirch 14

2 Weingut Graf von Kanitz 15

3 Weingut Wilhelm Mohr Erben 16

4 Weingut Karl Ottes 17

RÜDESHEIM UND UMGEBUNG 18

5 Weingut Georg Breuer 22

6 Bischöfliches Weingut Rüdesheim 23

7 Weingut Friedrich Fendel 24

8 Weingut Robert König 25

9 Weingut August Kesseler 26

10 Weingut Krone 27

11 Hessische Staatsweingüter – Domaine Assmannshausen 28

Der Taunus zwischen Rhein und Lahn 29

GEISENHEIM UND UMGEBUNG 30

12 Weingut Prinz von Hessen 34

13 Weingut Johannishof 35

14 Weingut Schamari-Mühle 36

15 Schloss Johannisberg 37

16 Weingut Freimuth 38

Schloss Johannisberg 39

OESTRICH-WINKEL UND UMGEBUNG 40

17 Schloss Vollrads 44

18 Weingut Fritz Allendorf 45

19 Weingut Alois Dahn 46

20 Weingut Johannes Ohlig 47

21 Weingut Dr. Corvers-Kauter 48

22 Wein- und Sektgut F. B. Schönleber 49

23 Weingut Hupfeld – Königin Victoriaberg 50

24 Weingut Peter Jakob Kühn 51

25 Weingut Spreitzer 52

26 Weingüter Geheimrat J. Wegeler 53

27 Weingut August Eser 54

28 Weingut Querbach 55

29 Weingut Fürst Löwenstein . . . 56
30 Weingut Prinz . . . 57
Der Johannisberger Spätlesereiter . . . 58
Die Gourmettempel des Rheingaus . . . 59

ELTVILLE UND UMGEBUNG . . . 60
31 Hessische Staatsweingüter Kloster Eberbach . . . 64
32 Weingut Freiherr Langwerth von Simmern . . . 65
33 Weingut J. Koegler . . . 66
34 Weingut Baron Knyphausen . . . 67
35 Weingut Heinz Nikolai . . . 68
36 Weingut Schloss Reinhartshausen . . . 69
37 Weingut Jakob Jung . . . 70
38 Weingut Lamm-Jung . . . 71
39 Weingut Detlev Ritter und Edler von Oetinger . . . 72
40 Weingut Hans Lang . . . 73
41 Domainenweingut Schloss Schönborn . . . 74
42 Wein- und Sektgut Barth . . . 75
43 Weingut Balthasar Ress . . . 76
44 Weingut Georg-Müller-Stiftung . . . 77
45 Diefenhardt'sches Weingut . . . 78
46 Weingut J. B. Becker . . . 79
47 Weingut Robert Weil . . . 80
48 Weingut Speicher-Schuth . . . 81
Kloster Eberbach – in den Weinbergen des Herrn . . . 82
Das Rheingau Musik Festival . . . 83

HOCHHEIM UND UMGEBUNG . . . 84
49 Domdechant Werner'sches Weingut . . . 88
50 Weingut Künstler . . . 89
51 Weingut Himmel . . . 90
52 Weingut Joachim Flick . . . 91

DIE HESSISCHE BERGSTRASSE UND UMGEBUNG . . . 92
53 Bergsträßer Winzer eG . . . 96
54 Weingut Simon-Bürkle . . . 97
55 Hessische Staatsweingüter – Domaine Bergstraße . . . 98
56 Weingut der Stadt Bensheim . . . 99
57 Weingut Rothweiler . . . 100
58 Weingut Dingeldey . . . 101
Weinfest-Kalender . . . 102
Weingüter von A–Z . . . 103

Liebe Leserin, lieber Leser,

der Weineinkauf direkt beim Winzer ist stets eine ganz besondere Erfahrung. Das Erleben der Landschaft und der Rebgärten sowie die persönliche Begegnung mit den Menschen, der Küche, Kultur und Lebensart erhöht spürbar das Verständnis – und damit den Genuss – hochklassiger Weine. Dieses Buch lädt Sie ein, die Heimat feiner Weine zu erkunden, zu verstehen und zu genießen.

Das Buch erhebt allerdings keinen Anspruch auf Vollständigkeit. Ganz im Gegenteil: Es stellt meine ganz persönlichen Lieblingsadressen vor – Weinmacher, zu denen ich der hohen Qualität wegen ebenso gerne reise wie wegen ihrer Gastfreundschaft. Meine Auswahl stellt Ihnen Winzerpersönlichkeiten vor, die ihren Weinen ein Gesicht geben, Charaktere, die eine unverkennbare Prägung in ihrem Erzeugnis hinterlassen.

Darüber hinaus enthält das Buch Empfehlungen, die mir die Winzer dieser Region gegeben haben. Adressen, die sie für ihre Kunden und Gäste bereithalten: Restaurants, Gasthäuser, Weinstuben und Hotels – speziell ausgewählt für den Weinfreund auf Reisen.

Ich wünsche Ihnen eine gute Fahrt und viele unvergessliche Weinerlebnisse

Ihr

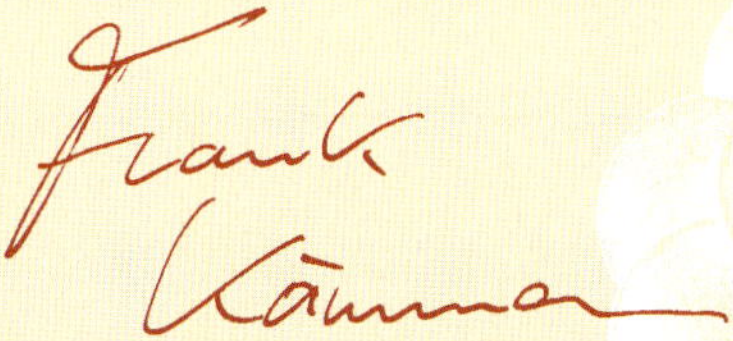

P.S.: Für Ihre Anregungen und Vorschläge bin ich Ihnen sehr dankbar. Bitte per E-Mail senden an: fkaemmer@hamppverlag.de

Rüdesheim mit der Kabinenbahn zum Niederwalddenkmal

Der Rheingau – das Land und der Wein

Obgleich nur rund drei Prozent der Rebfläche des Landes umfassend, hatte der Rheingau seit jeher eine Schlüsselstellung für den gesamten Weinbau Deutschlands inne. Fast im Alleingang prägte dieser Landstrich den weltweit herausragenden Ruf deutscher Weißweine im 18. und 19. Jahrhundert. Die Gewächse des Rheingaus standen exemplarisch für das Profil des Rieslings in seiner Verbindung von Frucht, Rasse und Tiefe. Die Wurzeln der Weinkultur dieser Region sind in den heute noch erhaltenen spätmittelalterlichen Klosteranlagen ebenso sichtbar wie deren Blütezeit in den prangenden Schlössern und stolzen Bürgerhäusern.

Von nicht zu unterschätzender Bedeutung für die Entwicklung des Weinbaus im Rheingau waren seit dem frühen Mittelalter die politischen und wirtschaftlichen Herrschaftsverhältnisse. Entscheidendes Ereignis war hier die so genannte „Veroneser Schenkung" aus dem Jahr 893, in der Kaiser Otto II. die Ansprüche des Mainzer Erzbischofs im Rheingau aus der Zeit der fränkischen Karolinger bestätigte und darüber hinaus neue, zusätzliche Rechte verlieh. Damit wurde die Region offiziell zu einem Teil des Staates Kurmainz, über den die Erzbischöfe als Landesfürsten herrschten und zu dem auch große Teile der Bergstraße, heute ein kleines, aber ebenfalls

WEINGUTSCHEIN RHEINGAU

15 SCHLOSS JOHANNISBERG
65366 Geisenheim-Johannisberg

BEIM KAUF IM VON 12 FLASCHEN EINER SORTE IN UNSEREM WEIN-CABINET BEZAHLEN SIE LEDIGLICH 11.

Weitere Informationen zum Weingut Schloss Johannisberg im Buch auf S. 37.

✂- -

18 WEINGUT FRITZ ALLENDORF
Kirchstraße 69
65375 Oestrich-Winkel

ALLEN BESUCHERN DER ALLENDORF.WEIN.ERLEBNIS. WELT. GEWÄHREN WIR BEI EINEM EINKAUF VON 12 FLASCHEN WEIN 10 % RABATT.

WIR FREUEN UNS AUF IHREN BESUCH!
IHRE ALLENDORFS UND SCHÖNLEBERS

Weitere Informationen zum Weingut Fritz Allendorf im Buch auf S. 45.

✂- -

36 WEINGUT SCHLOSS
REINHARTSHAUSEN
Hauptstraße 41
65346 Eltville–Erbach

BEI EINEM EINKAUF IN UNSERER VINOTHEK IM WERT VON ÜBER 100 € (WEIN ODER SEKT) ERHALTEN SIE BEI EINLÖSUNG DIESEN GUTSCHEINES EINE FLASCHE AUS DER LINIE UNSERER KLASSIFIZIERTEN LAGEN GRATIS DAZU.

Weitere Informationen zum Weingut Schloss Reinhartshausen im Buch auf S. 69.

Frank Kämmer: Auf Weinreise – Rheingau / Hessische Bergstraße, ISBN: 3-936682-94-1; Weitere Infos unter www.hamppverlag.de

Können Sie mitreden?
Frank Kämmer
Die 100 besten Weinberge Deutschlands
HamppVerlag
Dieses Buch ist einzigartig!
Ein Muss für jeden Kenner deutscher Weine. Der Weinfachmann und Master-Sommelier Frank Kämmer beschreibt die Spitzenlagen in Deutschland.
Frank Kämmer, Die 100 besten Weinberge Deutschlands
256 Seiten, gebunden, EUR 19,90, ISBN 3-936682-97-6
Gleich bestellen:
info@hamppverlag.de oder Fax: 0711/782 92-199
www.hamppverlag.de
HamppVerlag

Weinlese in Kloster St. Hildegard

selbständiges Weinanbaugebiet im Bundesland Hessen, gehörte. Als Regenten ließen sie den Rheingauer Bürgern jedoch meist eine für die damalige Zeit ungewöhnlich große Freiheit zur Selbstverwaltung ihrer Heimat. Die Rheingauer waren persönlich frei und somit keiner leibherrlichen Bindung unterworfen. Das daraus erwachsene, selbstbewusste freiheitlich-bürgerliche Erbe ist bis heute im Denken und Handeln der Rheingauer fest verwurzelt. Für die Blüte des Weinbaus sorgten dann ab dem 12. und 13. Jahrhundert vor allem die berühmten Klöster des Rheingaus, allen voran die Zisterzienser in Eberbach und die Benediktiner in Johannisberg, denen die großen adeligen Güter folgten. Spätestens mit der Säkularisation zu Beginn des 19. Jahrhunderts stiegen dann auch bürgerliche Güter in den Rang feinster Erzeuger auf.

Grundlage dieses Erfolgs sind aber die besonderen geographischen und klimatischen Bedingungen des Rheingaus. Auf seinem langen Weg von den Alpen zur Nordsee zwingt das Mittelgebirge des Taunus den Rhein, seine übliche Fließrichtung von Süd nach Nord zu wechseln. Zwischen Wiesbaden und Rüdesheim, auf einem Abschnitt von nur knapp 30 Kilometern, folgt der Fluss einem Weg von Osten nach Westen. Vom Strom sanft aufsteigend nimmt das Anbaugebiet Rheingau hier die Hänge am rechten Ufer ein. Die Weinberge profitieren von dieser Lage durch eine überwiegend südliche Ausrichtung. Weiterhin tragen die hier teilweise kilometerbreiten Flussauen ebenso zu einem bemerkenswerten Mikroklima bei wie der Taunus im Norden, der als Schutz vor kalten Wind wie eine Wetterbarriere wirkt. Wie sehr dieses Zusammenspiel von begünstigenden Faktoren zu einem für den Wein überaus vorteilhaften Klima führt, lässt sich besonders gut am wohl berühmtesten Rebstandort des Anbaugebiets, dem Schloss Johannisberg erfahren. Der Sage nach hat Karl der Große hier die ersten Weinberge anlegen

Burg Ehrenfels bei Rüdesheim

lassen, nachdem er von seiner Kaiserpfalz Ingelheim am gegenüberliegende Ufer aus beobachtet hatte, dass hier der Schnee im Frühjahr stets als Erstes abschmolz. Die bevorzugte Lage des Rheingaus belegt auch die örtliche Jahresdurchschnittstemperatur: Zwischen 1970 und 2000 wurden hier auf Höhe des 50. Breitengrads, der allgemein als nördliche Grenze des kommerziellen Weinbaus gilt, im Mittel 10,6 Grad Celsius gemessen. Dies entspricht den Werten deutlich südlicherer Regionen.

Der Weinbau im Rheingau in Zahlen *(Stand: 2004)*

Rebfläche: 3137 Hektar
Einzellagen: 120
Weinbaugemeinden: 12
Weinbaubetriebe: rund 1090
Vertriebsstruktur: rund 760 selbst vermarktende Weingüter und 7 Winzergenossenschaften

Rebsorten im Anbau:
Riesling: 78,2 %
Spätburgunder: 12,7 %
Müller-Thurgau: 1,8 %

Verhältnis Weißwein- zu Rotweinsorten: 84 % zu 16 %

Der Weinbau der Hessischen Bergstraße in Zahlen *(Stand: 2004)*

Rebfläche: 441 Hektar
Einzellagen: 23
Weinbaugemeinden: 9
Weinbaubetriebe: rund 582
Vertriebsstruktur: rund 216 selbst vermarktende Weingüter und 2 Winzergenossenschaften

Rebsorten im Anbau:
Riesling: 50,1 %
Spätburgunder: 8,8 %
Müller-Thurgau: 8,8 %

Verhältnis Weißwein- zu Rotweinsorten: 82 % zu 18 %

Die Böden des Rheingaus sind meist von Löss dominiert, der mit zunehmender Nähe zum Rhein in Lehm und Ton übergeht. In vielen Lagen treten leichte Verwitterungen und Gerölle des Rheinischen Schiefergebirges, insbesondere Phyllit und Quarzit, hinzu. Im Raum Hochheim am östlichen Eingang zum Rheingau findet sich auch vermehrt Kalkstein im Untergrund. Im westlichen Rheingau nimmt ab Rüdesheim die Mineralität der Böden merklich zu und leitet in die Schieferverwitterungen des Mittelrheintals über. Der Riesling ist ohne jeden Zweifel der König der Reben im Rheingau. Fast 80 Prozent der Weinbergsfläche ist mit dieser Traube bestockt – kein anderes Anbaugebiet weltweit wird so klar von dieser Sorte

Riesling-Genuss beim Erzeuger

beherrscht. Der Spätburgunder spielt zwar eine vergleichsweise kleine Rolle, darf jedoch keinesfalls übersehen werden. Der Anbau der blauen Burgunderrebe findet vor allem in Assmannshausen seinen Höhepunkt, das seit jeher als führender Anbauort dieser Rebsorte in Deutschland gilt. Vereinzelt sind aber auch weitere Sorten wie Weißburgunder, Müller-Thurgau und Chardonnay zu finden. Die Rheingauer Weine – und hier besonders die höheren Prädikate – verfügen über eine einzigartige Reifefähigkeit. Selbst nach vielen Jahrzehnten in der Flasche bewahren sie ihre Finesse und geschmackliche Tiefe. Einen gut gehüteter Hort solcher Kostbarkeiten birgt die „Bibliotheca subterranea" genannte Schatzkammer des Johannisberger Schlosses. Hier liegen Flaschen aus den feinsten Ernten der vergangenen 250 Jahre, der älteste Jahrgang stammt aus dem Jahr 1748.

Die Rheingauer Küche gilt weithin als bodenständig-deftig. Herzhafte Hausmacher-Würste sind ein beliebter Imbiss in den zahlreichen Straußwirtschaften und Gutsschänken. Aber auch hessische Klassiker wie angemachter Handkäse „mit Musik" oder der gebackene Camembert mit Preiselbeeren sind stets gegenwärtig. Zu den typischen Spezialitäten zählen der „Spundekäs", eine Frischkäsezubereitung mit Zwiebeln, Pfeffer, Salz und süßem Paprikapulver, sowie die Wispertalforelle, die sowohl geräuchert als auch als Forelle „blau" besonders gut zu den Rieslingen der Region schmeckt. Die Nähe zum Taunus macht sich in saisonalen Wildgerichten bemerkbar, wobei auch deftigere Zubereitungen wie die Wildschweinsülze in den Weinstuben und Gutsschänken angeboten werden.

Spezialitäten des Rheingaus

Blick auf Lorch – im Hintergrund Burg Stahleck bei Bacharach

Lorch und Umgebung

Nur wenige Kilometer südlich von Bacharach am rechten Rheinufer gelegen, ist Lorch ein Außenposten des Rheingaus, der von seiner Geschichte und Lage her eigentlich eher dem Anbaugebiet Mittelrhein zuzurechnen wäre. Dass diese Gemeinde dennoch zum Rheingau gehört, liegt vor allem daran, dass sie sich noch im Bundesland Hessen befindet. Die exponierte Lage Lorchs hat den mittelalterlichen Weinbauort zu einem oft übersehenen Kleinod abseits der großen Touristenströme des Rheingaus werden lassen. Selbst erfahrene Kenner kann man mit den oft finessereichen, ausgesprochen mineralischen Rieslingen dieses Orts überraschen. Verantwortlich für diese typische Rasse ist nicht nur der hier vorherrschende Boden mit unterschiedlich geschichteten Verwitterungen des Rheinischen Schiefergebirges, sondern auch eine ausgeprägte Amplitude im täglichen Temperaturverlauf. Während die steilen Lorcher Weinberge am Tag zu den sonnenverwöhntesten des ganzen Anbaugebiets zählen, fließt durch das tief eingeschnittene Wispertal am Abend Kaltluft aus dem Taunus ein. Dieser Temperaturwechsel sorgt beim Riesling für vielschichtige Aromen und subtile Rasse.

Lorch | Das Städtchen Lorch war über Jahrhunderte ein wichtiger Handelsplatz. Denn hier wurde bis zur Schiffbarmachung der Felsenbarrieren des Binger Lochs die Schiffsfracht auf flachere Boote umgeladen. Daneben war die Tuchweberei ein wichtiger Wirtschaftszweig. Noch heute zeugen viele adelige Herrschaftshäuser, Kloster- und Stiftshöfe von dieser Blütezeit. Vom Reichtum seiner Bürger profitierte auch das Gotteshaus der Stadt: In der Pfarrkirche St. Martin ist ein bedeutender gotischer Schnitzaltar zu besichtigen. Bei einem Stadtrundgang sollte man keinesfalls das Hilchenhaus versäumen, den ältesten Renaissancebau am Mittelrhein.

Die Pfarrkirche St. Martin aus dem 14. Jahrhundert

MEIN LIEBLINGSLOKAL

Landgasthaus Blücher | Allein der Blick von der Terrasse über das Rheintal ist die etwas umständliche Anreise nach Dörscheid wert. Ich kehre hier jedoch vor allem wegen der tollen Wildgerichte aus eigener Jagd gerne ein. Küchenchef Marcus Fetz hat in Spitzenhäusern gearbeitet und macht diesen Landgasthof zu einem Geheimtipp. Sein Bruder Heinz-Uwe Fetz erzeugt sehr gute Edelobstbrände.

➲ **Landgasthaus Blücher**
56348 Dörscheid bei Kaub
Tel.: 0 67 74/2 67
www.landgasthaus-bluecher.de

ESSEN & TRINKEN

➲ **Gutsausschank Friedrich Altenkirch**
Binger Weg 2
65391 Lorch am Rhein
Tel.: 0 67 26/83 00 12
www.weingut-altenkirch.de
Sehenswerter Gutsausschank in großzügigen, historischen Räumlichkeiten. Küchenklassiker ist die Wispertalforelle.

➲ **Restaurant Zum Turm**
Zollstraße 50
56349 Kaub am Rhein
Tel.: 0 67 74/9 22 00
www.rhein-hotel-turm.com
Gehobenes Traditionsrestaurant. Lange die führende Adresse in und um Kaub.

➲ **Restaurant Deutsches Haus**
Schulstraße 1
56349 Kaub am Rhein
Tel.: 0 67 74/2 66
www.hotel-deutsches-haus-kaub.de
Etwas vergilbte Dorfkneipe, aber der Sauerbraten ist legendär und die Weinkarte umfassend und günstig. Wirt Edgar Kirdorf ist gelernter Sommelier.

ÜBERNACHTEN

➲ **Landgasthaus Blücher**
56348 Dörscheid bei Kaub
Tel.: 0 67 74/2 67
www.landgasthaus-bluecher.de
Etwas abseits gelegen, dafür aber eine Oase für Ruhesuchende und Wanderer.

➲ **Hotel-Restaurant Zum Turm**
Zollstraße 50
56349 Kaub am Rhein
Tel.: 0 67 74/9 22 00
www.rhein-hotel-turm.com
Komfortabel und modern eingerichtete Zimmer.

EINKAUFEN

➲ **Forellenzucht Flach Wispertal**
65391 Lorch am Rhein
Tel.: 0 67 26/5 86
Helmut Roberts Zuchtbetrieb ist berühmt für die köstlichen Wispertalforellen.

➲ Brennerei Peter Bahles
Bahnstraße 10
56349 Kaub am Rhein
Tel.: 0 67 74/2 58
www.weingut-bahles.de
Einer der besten Destillateure der Region, bekannt für seine Trester-Spezialitäten.

➲ Biohof Zorn
An der Ganswiese 1
65321 Heidenrod-Zorn
Tel.: 0 67 75/15 03
Etwas abgelegen, aber die Anfahrt durch das Wispertal lohnt. Sehr guter selbst gemachter Käse.

DER FREISTAAT FLASCHENHALS

Was heute wie eine clevere Marketing-Idee klingt, war nach dem Ersten Weltkrieg für die Bewohner Lorchs bittere Realität. Der „Freistaat Flaschenhals" bezeichnete eine Enklave, die ab Januar 1919 für vier Jahre in der Region um das Wispertal existierte. Bei der Einrichtung der Besatzungszonen der Siegermächte waren um Mainz und Koblenz herum Kreise gezogen worden, wobei ein flaschenhalsförmiges Gebiet frei blieb. Da keine der Besatzungsmächte sich zuständig fühlte, konnte die Bevölkerung nur durch regen Schmuggelverkehr über den Rhein mit Kohle und Nahrungsmitteln versorgt werden. Sogar eine eigene Währung, das „Lorcher Notgeld", musste von der Stadt herausgegeben werden. Heute erinnern in und um Lorch Informationstafeln der Tourismusförderung an diese Zeit.

ENTDECKEN

➲ Robert-Struppmann-Museum Lorch
Am Markt 1
65391 Lorch am Rhein
Tel.: 0 67 26/6 56
Öffnungszeiten: Sa. und So. 14–17.00 Uhr
Schwerpunkt der Sammlung sind mittelalterliche Skulpturen aus dem Lorcher Raum.
www.rheingau-taunus.de

➲ Mühlen und Burgen im Wispertal
Die Kammerburg und die Laukenmühle sind beliebte Ausflugslokale im landschaftlich äußerst reizvollen Wispertal. In der Nähe befinden sich jeweils Burgruinen, die auf kurzem Fußmarsch erreichbar sind.
www.laukenmuehle.de
www.burgenwelt.de

BEWEGEN

➲ Wanderung zur Burg Nollig
Ausgeschilderter Wanderweg (2 km) mit herrlichem Blick über das Rheintal. Die Burg ist leider nicht zugänglich. Ausgangspunkt: Zentrum Lorch.
www.stadt-lorch-rheingau.de

1 WEINGUT
FRIEDRICH ALTENKIRCH
Binger Weg 2
65391 Lorch
Tel.: 0 67 26/83 00 12
Fax: 0 67 26/24 83
E-Mail: info@weingut-altenkirch.de
Internet: www.weingut-altenkirch.de

Preisniveau: bürgerlich
Anmeldung: nicht erforderlich
Öffnungszeiten: Mo. bis Fr. 10–17 Uhr

LORCH

WEINGUT FRIEDRICH ALTENKIRCH

Es weht ein frischer Wind im ehrwürdigen Gemäuer des Weinguts Altenkirch. Das junge Team aus Keller und Verkauf ist gastfreundlich und stets gerne bereit, über das Lorcher Terroir im Allgemeinen und die eigene Weinphilosophie im Besonderen mit den Kunden und Gästen des Guts zu plaudern. Empfangen wird man hierzu im Weinshop und in der stattlichen Vinothek, die im Frühling und Herbst auch als empfehlenswerter Gutsausschank genutzt wird. Bei den Rieslingen des Gutes spürt man die von der Individualität der Böden geprägte Philosophie deutlich. Der Vergleich der drei Rieslinge von Buntschiefer, Grauschiefer und Quarzschiefer ist dabei besonders interessant. Diese Weine tragen nur die Angabe des Bodens, nicht aber die Lage auf dem Etikett. Dieses Privileg ist ausschließlich der Lorcher Spitzenlage Krone vorbehalten.

MEIN TIPP

Im Weingut kann man auch noch alte Briefmarken und Geldscheine aus der Zeit des kuriosen „Freistaats Flaschenhals" (siehe Seite 13) bewundern. In der Vinothek finden außerdem regelmäßig Ausstellungen befreundeter Künstler statt.

LORCH

WEINGUT GRAF VON KANITZ

Das Kanitz'sche Weingut hat lange Zeit beinahe im Alleingang die Fahne des Weinbauorts Lorch hochgehalten. Doch seit der Badener Kurt Gabelmann hier das Steuer übernommen hat, lohnt die Reise an das nordwestliche Ende des Anbaugebiets Lorch noch mehr. Bemerkenswert ist, dass die Preise dieser auf ökologischer Basis arbeitenden Betriebs noch ein Stück unter denen liegen, die man im Herzen des Rheingaus für vergleichbare Qualitäten bezahlen müsste. Zur Verkostung wird man in die mit historischen Bildern und dunklem Holz ausgestattete Probierstube gebeten, im Sommer kann man es sich aber auch unter einer mächtigen Kastanie im Freien gemütlich machen. Der trutzige Zehntturm des Guts, das sich früher einmal im Besitz des preußischen Ministers und Reformers Freiherr von Stein befand, dient heute als Rotweinkeller.

MEIN TIPP

Als außergewöhnliches Tröpfchen für besondere Gelegenheiten oder als originelles Geschenk für einen Riesling-Liebhaber sind hier noch einige Flaschen der 76er-Auslese im Verkauf. Angesichts des Alters und der Qualität ist der Preis hierfür mehr als günstig.

2 WEINGUT GRAF VON KANITZ
Rheinstraße 49
65391 Lorch
Tel.: 0 67 26/3 46
Fax: 0 67 26/21 78
E-Mail: info@weingut-graf-von-kanitz.de
Internet: www.weingut-graf-von-kanitz.de

Preisniveau: bürgerlich
Anmeldung: nicht erforderlich
Öffnungszeiten: Mo. bis Fr. 8–12 und 13–17.30 Uhr, Sa. 10–15 Uhr

LORCH

WEINGUT WILHELM MOHR ERBEN

Obwohl das Weingut bereits 1875 vom Urgroßvater des heutigen Inhabers Jochen Neher gegründet wurde, strahlt es doch eine fröhliche und jugendliche Art aus, die sich wohltuend von der ansonsten in der Region weit verbreiteten, oft etwas angestaubten Rheinromantik abhebt. Dazu passt die modern und heiter eingerichtete Vinothek, die auch als Gutsausschank genutzt wird. Neben den mittlerweile auch überregional anerkannten guten Weinen des nur rund vier Hektar großen Weinguts werden hier auch häufig Wein- und Käseseminare sowie Schulungen zur Harmonie von Essen und Wein angeboten. Außer den Rieslingen erzeugt das Weingut sowohl im Lorcher Bodental-Steinberg als auch im Assmannshäuser Höllenberg gute Spätburgunder. Der Vergleich der Weine aus diesen beiden Spitzenlagen ist überaus interessant.

MEIN TIPP

Für den Rheingau etwas außergewöhnlich schlägt Jochen Nehers Herz nicht nur für Riesling und Spätburgunder, sondern auch für den Weißburgunder, den er in zwei Stilen erzeugt – frisch-fruchtig sowie barriquegereift und würzig.

3 WEINGUT WILHELM MOHR ERBEN
Rheinstraße 21
65391 Lorch
Tel.: 0 67 26/94 84
Fax: 0 67 26/16 94
E-Mail: info@weingut-mohr.de
Internet: www.weingut-mohr.de

Preisniveau: bürgerlich bis gehoben
Anmeldung: erforderlich
Öffnungszeiten: Mo. bis Sa. 10–12 und 14–17 Uhr

4 WEINGUT KARL OTTES
Binger Weg 1a
65391 Lorch
Tel.: 0 67 26/83 00 83
Fax: 0 67 26/83 00 84
E-Mail: info@weingut-ottes.de
Internet: www.weingut-ottes.de

Preisniveau: günstig bis gehoben
Anmeldung: erforderlich
Öffnungszeiten: nach Vereinbarung

LORCH

WEINGUT KARL OTTES

Das Weingut Ottes wurde 1959 gegründet und war lange Zeit vor allem wegen seiner Gutsschänke in leicht erhöhter Lage mit schöner Terrasse und tollem Blick auf den Rhein bekannt. Doch seit Junior-Chef Gerald Ottes mit seiner aus Japan stammenden Frau Fumiko hier die Aufsicht über den Keller übernommen hat, ist das kleine Familiengut auch ins Blickfeld anspruchsvoller Weinliebhaber gerückt. Auch wer außerhalb der Öffnungszeiten der Gutsschänke kommt, wird in deren Räumen empfangen und erfreut feststellen, dass einige der duftig-eleganten Rieslinge und balancierten Spätburgunder ein überaus interessantes Preis-Genuss-Verhältnis vorweisen können. Etwas exklusiver freilich sind die „Ersten Gewächse“. Hier war Gerald Ottes einer der Pioniere im Rheingau, der auch den Spätburgunder in dieser Kategorie ausgebaut hat. Dabei scheint insbesondere der Bodental-Steinberg als die steilste Lage Lorchs besonderes Potenzial aufzuweisen.

MEIN TIPP

Dank Frau Fumiko Ottes kann man in der Gutsschänke die Weine nicht nur zu Wildsülze, Schmalzbrot und Wurstsalat probieren, sondern auch zu japanischen Leckerbissen wie Sushi und Sashimi.

Rüdesheim und die Rheinauen im milden Herbstlicht

Rüdesheim und Umgebung

Rüdesheim ist unbestritten das touristische Zentrum des Rheingaus. Die berühmte Drosselgasse mit ihren zahlreichen Schänken ist seit Jahrzehnten ein beliebtes Ausflugsziel und Symbol für eine etwas kitschige Rheinweinromantik. Doch ungeachtet des Massentourismus ist Rüdesheim mit seiner Lage am Rhein, an der sich das Tal aus der für das Anbaugebiet so wichtigen Ost-West-Richtung wieder nach Norden wendet, auch Heimat einiger der feinsten Rieslinge und Spätburgunder Deutschlands. Vor allem der Rüdesheimer Berg mit seinen Einzellagen Rottland, Roseneck und als Krönung dem Schlossberg gilt als eines der überragenden Terroirs der Region. Auf Quarzitverwitterung mit Schiefereinlagen und teilweise Lösslehmbeimengung gedeihen hier Weine, deren Stil die mineralische Expressivität der weiter nördlich gelegenen Anbaugebiete Mittelrhein und Mosel mit der Kraft und Nachhaltigkeit des Rheingaus verbindet. Am Ende der Rheinbiegung gilt der Ortsteil Assmannshausen als ausgesprochene Rotweingemeinde. Hier wachsen auf grusigem Quarzit an der Rheinflanke und Bunt-Schiefer im Aulhausener Tal seit jeher einige der berühmtesten deutschen Spätburgunder.

Rüdesheim | Imposante Burgen, türmchengeschmückte Fachwerkhäuser, gemütliche Straußwirtschaften – Rüdesheim hat alles, was die Herzen der (Wein-)Touristen höher schlagen lässt und ist heute einer der meistbesuchten Weinorte Deutschlands. Bereits für die Romantiker war die Stadt ein Anziehungspunkt. Und auch schon zuvor war man auf Reisende eingestellt, endete hier doch die Landstraße – rheinabwärts ging es nur noch per Schiff weiter. Obwohl der Weinbau die Geschichte der Stadt über Jahrhunderte hinweg mitgeprägt hat, sorgte erst der Bau großer Weinlager und einer Eisenbahnlinie im 19. Jahrhundert dafür, dass der Rüdesheimer Wein in aller Welt bekannt wurde.

Ein Pflichtstopp für alle Rheinschiffe – die Anlegestelle in Rüdesheim

MEIN LIEBLINGSLOKAL

Breuers Rüdesheimer Schloss

Dem großen Betrieb gelingt die Balance zwischen Drosselgassentourismus, dem gehobenen Niveau des Hotels und dem des familieneigenen Spitzenweinguts Breuer. Große Raritätenweinkarte mit rund 300 Weinen aus dem Rheingau, darunter alle Weinjahrgänge seit 1929 und teilweise noch ältere Schätze. Legendär ist die Ente nach Art der Benediktiner.

➲ **Breuers Rüdesheimer Schloss**
Steingasse 10
65385 Rüdesheim am Rhein
Tel.: 0 67 22/9 05 00
www.ruedesheimer-schloss.com

ESSEN & TRINKEN

➲ **Weinhaus Fendel**
Marienthaler Straße 46
65385 Rüdesheim-Eibingen
Tel.: 0 67 22/25 55
www.fendels.de
Beliebter Gutsauschank mit toller Terrasse im oberen Teil von Rüdesheim. Sehr gute eigene Weine.

➲ **Weinlokal Rebenhaus**
Am Niederwald 2
65385 Rüdesheim
Tel.: 0 67 22/4 83 58
www.rebenhaus.com
Ausflugslokal mit sensationellem Ausblick unweit des Niederwalddenkmals. Einfache Küche, ordentliche Weine.

ÜBERNACHTEN

➲ **Breuers Rüdesheimer Schloss**
Steingasse 10
65385 Rüdesheim am Rhein
Tel.: 0 67 22/9 05 00
www.ruedesheimer-schloss.com
Moderne Kunst, Wein und Design in altem Gemäuer prägen das empfehlenswerte Hotel der Winzerfamilie Breuer.

➲ **Hotel Krone Assmannshausen**
Rheinuferstraße 10
65385 Rüdesheim-Assmannshausen
Tel.: 0 67 22/40 30
www.hotel-krone.com
Berühmtes, über 450 Jahre altes Hotel an der Rheinpromenade mit Blick auf Burg Rheinstein. Renommiertes Restaurant, große Terrasse.

➲ **Hotel Jagdschloss Niederwald**
Jagdschloss Niederwald 1
65385 Rüdesheim am Rhein
Tel.: 0 67 22/7 10 60
www.niederwald.de
Hoch über dem Rhein gelegenes Hotel mit traumhaftem Blick.

EINKAUFEN

➲ **Eibinger Backhaus Dries**
Fürstbischof-Rudolf-Straße 14
65385 Rüdesheim am Rhein
Tel.: 0 67 22/10 22

Vom „Feinschmecker" zu den besten Bäckereien Deutschlands gezählt. Spezialität: das herzhafte Klosterbrot.

➲ Metzgerei Kempenich
Grohlochstraße 10
65385 Rüdesheim-Presberg
Tel.: 0 67 26/16 90
Kleine Dorfmetzgerei, bekannt für ihre Wildspezialitäten wie Wildsülze, Wildschinken oder Wildschweinleberwurst.

➲ Klosterladen Abtei St. Hildegard
Klosterweg
65385 Rüdesheim am Rhein
Tel.: 0 67 22/49 91 43
Vielerlei Klostererzeugnisse der Benediktinerinnen wie z.B. Weine, Liköre, Gewürze, Kerzen etc. Bekannt auch durch die Dinkelprodukte.

RHEINROMANTIK PER SCHIFF

Ob nur am Mäuseturm vorbei ans gegenüberliegende Ufer nach Bingen oder weiter rheinabwärts über Lorch und St. Goar bis nach Koblenz – Rüdesheim ist für Schiffsausflüge ein idealer Ausgangspunkt. Gleich mehrere Reedereien befahren die Route des UNESCO-Welterbes Mittelrhein, vorbei an wildromantischen Burgen, berühmten Weinbergen und spektakulären Felsen. Vom Schiff aus hat man genug Zeit, diese einmalige Landschaft zu genießen, die bereits im 19. Jahrhundert ein internationales Publikum anlockte.

ENTDECKEN

➲ Rheingauer Weinmuseum Brömserburg
Rheinstraße 2
65385 Rüdesheim am Rhein
Tel.: 0 67 22/23 48
Riesige Sammlung zum Thema Wein vom antiken Prunkkelch bis zur Baumkelter in einer der ältesten Burgen des Rheingaus.
www.rheingauer-weinmuseum.de

➲ Niederwalddenkmal
Wunderschöner Ausblick auf das Rheintal. In Gehnähe: der Niederwaldtempel, eine Adlerwarte und die künstliche Ruine „Drossel". Mit Kabinenbahn von Rüdesheim und mit Sessellift von Assmannshausen aus erreichbar.
www.seilbahn-ruedesheim.de

BEWEGEN

➲ Wanderung zur Burgruine Ehrenfels
Schöner Fußweg (2,5 km) durch die Weinberge zur Ruine des um 1220 erbauten Schlosses. Start: Brömserburg.

➲ Wandern auf dem Brahmsweg
Rundweg durch die Weinberge auf den Spuren von Johannes Brahms, der in Rüdesheim die 3. Sinfonie komponierte. Start: Brömserburg.

RÜDESHEIM

WEINGUT GEORG BREUER

Die schicke Vinothek des Rüdesheimer Spitzenweinguts Breuer bietet eine wohltuende Alternative zu den nahen touristischen Läden des Ortes und macht somit die Gegend um die Drosselgasse auch für anspruchsvolle Weinliebhaber interessant. Hier wird man sogar am Sonntag überaus kompetent betreut und kann sich durch das Sortiment der weltberühmten Weine des Gutes verkosten. Ganz oben steht dabei natürlich der legendäre Schlossberg-Riesling, der nicht nur für betuchte Weinkenner interessant ist, sondern auch für Sammler. Seit 1980 wird das Etikett jedes Jahr von einem bekannten Künstler neu gestaltet. Doch auch budgetbewusste Weinfreunde sollten hier angesichts der noblen Preise für die erlesenen Einzellagen-Rieslinge aus Schlossberg, Rottland, Roseneck und Nonnenberg keine Schwellenangst zeigen. Die „Estate"- und „GB"-Linien bieten echte Breuer-Qualität auch schon für unter zehn Euro.

MEIN TIPP

In der Rüdesheimer Vinothek kann man nicht nur die Breuer'schen Rheingauer Weine kaufen, sondern auch die Gewächse der sehr interessanten Kooperationen, mit denen das Gut in Südafrika und Portugal verbunden ist.

5 WEINGUT GEORG BREUER
Grabenstraße 8
65385 Rüdesheim
Tel.: 0 67 22/4 72 25
Fax: 0 67 22/45 31
E-Mail: info@georg-breuer.com
Internet: www.georg-breuer.com

Preisniveau: gehoben bis Luxus
Anmeldung: nicht erforderlich
Öffnungszeiten: täglich 10–18 Uhr

6 BISCHÖFLICHES WEINGUT RÜDESHEIM
Marienthaler Straße 3
65385 Rüdesheim
Tel.: 0 67 22/91 05 60
Fax: 0 67 22/91 05 62
E-Mail: weingut@bistumlimburg.de
Internet: www.bischoefliches-weingut.de

Preisniveau: bürgerlich
Anmeldung: nicht erforderlich
Öffnungszeiten: Mo. bis Fr. 13–17 Uhr

RÜDESHEIM-EIBINGEN

BISCHÖFLICHES WEINGUT RÜDESHEIM

Das Weingut des Bistums Limburg ist leicht zu finden: Es befindet sich im rustikalen Keller der Kirche im Rüdesheimer Stadtteil Eibingen. Der Bischof selbst schaut jedoch nur selten im einfachen Verkostungsraum vorbei und lässt Kellermeister Helmut Anthes weitgehend freie Hand bei der Vinifikation seiner Rieslinge. Ein kluger Zug des Kirchenmanns, denn seit Anthes den Kirchenkeller führt, geht es erfreulich aufwärts mit dem Gut. Die trockenen Weine machen hier einen Anteil von 80 Prozent an der Produktion aus, der Betrieb ist somit vor allem für Freunde durchgegorener Tropfen besonders interessant. Darüber hinaus wird aus jedem Jahrgang ein Riesling sehr knackig, geradezu „staubtrocken" ausgebaut. Etwas harmonischer und ausgewogener sind hingegen die Weine der „Superium"-Serie mit ihrem sehr guten Preis-Genuss-Verhältnis.

MEIN TIPP

Im uralten Fasskeller des Gutes, dessen Fundamente wahrscheinlich schon rund 1000 Jahre alt sind, entspringt die Hildegardis-Quelle, die Kellermeister Anthes seinen Besuchern auf Nachfrage gerne zeigt.

7 WEINGUT FRIEDRICH FENDEL
Marienthaler Straße 46
65385 Rüdesheim
Tel.: 0 67 22/9 05 70
Fax: 0 67 22/90 57 66
E-Mail: info@friedrich-fendel.de
Internet: www.friedrich-fendel.de

Preisniveau: bürgerlich bis gehoben
Anmeldung: erforderlich
Öffnungszeiten: nach Vereinbarung

RÜDESHEIM-EIBINGEN

WEINGUT FRIEDRICH FENDEL

Das Weinhaus Fendel liegt mit seiner beliebten Gutsschänke im oberen Teil Rüdesheims und bietet somit nicht nur eine schöne Aussicht von der Terrasse, sondern auch eine für Weinliebhaber mit Anspruch privilegierte Lage abseits vom Massentourismus des Rheinufers. Die Weine der Hetzert-Brüder – Paul kümmert sich um den Keller, Walter um den Vertrieb – gehen überwiegend an den Fachhandel und die Gastronomie, insbesondere natürlich auch die eigene. Der aktive Verkauf an Privatkunden ist daher eher zweirangig. Dennoch freut man sich hier über den Besuch von Weinliebhabern, die man nach Anmeldung gerne durch das Sortiment führt. Und das ist nicht nur aufgrund der anerkannt guten Weine ein Vergnügen, sondern auch wegen der sympathischen Freundlichkeit von Walter Hetzert. Beachtenswert dabei der Riesling „fum Allerhinnerschde", eine Bezeichnung, die darauf anspielt, dass man früher den besten Wein ganz hinten im Keller versteckt hat.

MEIN TIPP

Die Bezeichnung „fum Allerhinnerschde" wurde bereits 1903 durch Eintragung beim kaiserlichen Patentamt geschützt. Sie gilt heute als die älteste noch bestehende Weinmarke in Deutschland.

ASSMANNSHAUSEN

WEINGUT ROBERT KÖNIG

Schon die Auffahrt zum Weingut König ist ein Erlebnis, da hier die Straße der berühmten Lage Höllenberg das Aulhausener Tal hinauf folgt. Der etwas abseits auf der Höhe gelegene Aussiedlerhof lädt mit seiner in Gelb und hellem Holz gehaltenen Vinothek zur Verkostung der vielen guten Spätburgunder aus der Hand von Robert König jun. ein. Bemerkenswert ist hier vor allem das – gemessen am üblichen Assmannshäuser Niveau – erfreuliche Preis-Genuss-Verhältnis. Besonders beliebt ist der fast ausschließlich auf Rotweine spezialisierte Betrieb aber auch zu den „Rheingauer Schlemmerwochen" ab Ende April und zu den „Tagen der offenen Weinkeller" im September. Dann wird hier am Wochenende eine traditionelle Straußwirtschaft eingerichtet.

MEIN TIPP

Es gibt eine fast schon „klassische" Ausflugstour in der Region: Mit der Seilbahn von Rüdesheim hinauf zum Niederwalddenkmal, auf der anderen Seite am Höllenberg entlang wieder hinab nach Assmannshausen und dann mit dem Schiff zurück. Diese Tour lässt sich perfekt mit einem Besuch bei König ergänzen. Die dort gekauften Weine schickt das Gut ab 66 Flaschen dem Wanderer kostenlos nach Hause.

8 WEINGUT ROBERT KÖNIG
Landhaus Kenner (über Ortsteil Aulhausen)
65385 Rüdesheim-Assmannshausen
Tel.: 0 67 22/10 64
Fax: 0 67 22/4 86 56
E-Mail: info@weingut-robert-koenig.de
Internet: www.weingut-robert-koenig.de

Preisniveau: bürgerlich bis gehoben
Anmeldung: erforderlich
Öffnungszeiten: Mo. bis Fr. 8–12 Uhr, nachmittags und samstags nach Vereinbarung

ASSMANNSHAUSEN

WEINGUT AUGUST KESSELER

Mitte der 80er-Jahre bekam der jahrhundertealte Ruf Assmannshausens mit den weltweit beachteten Spätburgunderweinen von August Kesseler einen neuen Glanz. Heute gilt sein Weingut als der unbestrittene Star in der berühmten Rotweingemeinde. Doch Starallüren sind August Kesseler fremd. Im Gespräch mit ihm spürt man schnell, dass man es hier mit einem sehr gewissenhaften Menschen zu tun hat, der aus gründlicher Überlegung und Überzeugung handelt. Das Haus atmet einen kosmopolitischen und doch in der Heimat verwurzelten Geist und wirkt mit seiner hellen, zeitlosen Eleganz ungemein einladend. Die Verkostungsräume haben Stil, ohne „designt" zu wirken. Das passt auch gut zu den Spätburgundern des Hauses, die zum Feinsten und Teuersten zählen, was diese Rebe in Deutschland hervorbringt. Sie wollen nicht durch Kraftmeierei beeindrucken, sondern durch sublime Finesse verzaubern.

MEIN TIPP

Nicht nur die Weine Kesselers sind exklusiv und erlesen, sondern auch sein Kunstgeschmack. Im Verkostungsraum kann man einige Arbeiten von Antoni Tapies, einem der bedeutendsten spanischen Maler der Gegenwart, bewundern.

9 WEINGUT AUGUST KESSELER
Lorcher Straße 16
65385 Rüdesheim-Assmannshausen
Tel.: 0 67 22/25 13
Fax: 0 67 22/4 74 77
E-Mail: info@august-kesseler.de
Internet: www.august-kesseler.de

Preisniveau: Luxus
Anmeldung: erforderlich
Öffnungszeiten: nach Vereinbarung

10 **WEINGUT KRONE**
Niederwaldstraße 2
65385 Rüdesheim-Assmannshausen
Tel.: 0 67 22/25 25
Fax: 0 67 22/4 83 46
E-Mail: info@weingut-krone.de
Internet: www.weingut-krone.de

Preisniveau: gehoben bis Luxus
Anmeldung: erforderlich
Öffnungszeiten: nach Vereinbarung

ASSMANNSHAUSEN
WEINGUT KRONE

Das winzige Weingut Krone ist sozusagen eine One-Man-Show von Verwalter Peter Perabo, der sich vom Weinberg über den Keller bis hin zum Verkauf um alles selbst kümmert. Seine überaus begehrten Spätburgunder sind berühmt für die deutliche Cassis-Note, die für das Assmannshäuser Terroir als besonders typisch gilt. In diesem Gut ist alles handwerklich schlicht, kein Schmuck prägt die Fassade, kein Design die Keller- und Arbeitsräume. Der Besucher findet hier keine Inszenierung vor, sondern begibt sich mitten in den Produktionsbetrieb: „Hier gilt's der Kunst" – und zwar der traditionellen Rotweinbereitung auf höchstem Niveau. Der Weineinkauf bei Peter Perabo ist gerade deshalb ein Erlebnis.

MEIN TIPP

Man sollte darum bitten, in den 60 Meter unter den Weinbergen in den Fels gehauenen Kellerstollen geführt zu werden. Hier herrschen perfekte Lagerbedingungen mit fast 100 Prozent Luftfeuchtigkeit und stets konstanten 13 Grad Celsius Temperatur. Ganz am Ende kann man an der Felswand die beiden wichtigen Gesteine des Orts, den Phyllitschiefer und das Quarzit, anschaulich studieren.

11 HESSISCHE STAATSWEINGÜTER – DOMAINE ASSMANNSHAUSEN
Höllenbergstraße 10
65385 Rüdesheim-Assmannshausen
Tel.: 0 67 22/22 73
Fax: 0 67 22/4 81 21
E-Mail: info@weingut-kloster-eberbach.de
Internet: www.weingut-kloster-eberbach.de

Preisniveau: gehoben bis Luxus
Anmeldung: nicht erforderlich
Öffnungszeiten: Fr. und Sa. 12–18 Uhr

ASSMANNSHAUSEN

HESSISCHE STAATSWEINGÜTER – DOMAINE ASSMANNSHAUSEN

Die Domaine Assmannshausen ist einer der ganz wenigen Betriebe in Deutschland, die sich ausschließlich der Erzeugung von Früh- und Spätburgundern verschrieben haben. Das direkt am oberen Teil der Spitzenlage Höllenberg im Aulhausener Tal gelegene Gutshaus strahlt mit seinen von Efeu überwachsenen Mauern jahrhundertealte deutsche Rotweinkultur aus und beherbergt heute eine geräumige Vinothek, in der man freitags und samstags die berühmten Gewächse verkosten kann. Unter der Woche lohnt ein kurzer Stopp zwar auch, da man hier sehr gut die typischen violett gefärbten Verwitterungsschichten des Phyllitschieferbodens des Höllenbergs in Augenschein nehmen kann (dessen Namen übrigens nicht wie häufig angenommen auf die mühsame Arbeit im steilen Weinberg hindeutet, sondern sich vielmehr vom althochdeutschen „Helda" für Halde oder Steilhang ableitet). Zur Probe der Weine muss man dann jedoch an den Stammsitz der Staatsweingüter in Eltville fahren.

MEIN TIPP

Die Spätburgunder der Domaine Assmannshausen verfügen über ein bemerkenswertes Reifepotenzial. Selbst nach drei bis vier Jahrzehnten zeigen sie noch eine sublime Finesse.

Der Taunus zwischen Rhein und Lahn

Stille Landschaften, berühmte Heilquellen und viele Burgen – der Taunus ist eine vom Rheingau aus leicht erreichbare, äußerst vielfältige Kulturlandschaft. Im Süden steil aufragend, flacht das zum Rheinischen Schiefergebirge gehörende Mittelgebirge nach Norden hin allmählich ab. Seine höchste Erhebung ist der 881 Meter hohe Große Feldberg, der zudem von einem monumentalen Aussichtsturm gekrönt wird. Die Besiedlung dieser Region reicht lange zurück: Bereits die Kelten errichteten hier zahlreiche Wallanlagen und eine große befestigte Stadt, das Heidetränk-Oppidum bei Oberursel. Im ersten Jahrhundert nach Christus kamen dann die Römer, deren Grenzbefestigung – der Limes – noch heute an vielen Stellen besichtigt werden kann. Mit der Saalburg liegt bei Bad Homburg sogar das weltweit einzige vollständig rekonstruierte Römerkastell. Neben vielen sehenswerten Burgen und Schlössern kann der Taunus auch mit drei großen Naturparks aufwarten, die mit ihren interessanten Lehrpfaden und Naturdenkmälern wie der Kubacher Kristallhöhle und den Quarzfelsen der Eschbacher Klippen zum Wandern und Entdecken einladen. Nicht zuletzt sei hier auch auf die zahlreichen schönen Städte und Örtchen hingewiesen, unter ihnen solche Kleinode wie Idstein (siehe Bild rechts), Eppstein, Königstein und Kronberg.

Von Weinbergen umgeben: die Lindenstadt Geisenheim

Geisenheim und Umgebung

Eine Schenkungsurkunde von 772 belegt, dass Geisenheim die erste urkundlich erwähnte Gemeinde im Rheingau ist. In diesem Dokument werden dem Kloster Fulda große Besitzungen, unter anderem in „Gisenheim" im „Rinechgowe", vermacht. Heute ist der Ort vor allem für seine Weinbau-Fachhochschule und für die Weine der Lage Rothenberg bekannt. Von Weltruf aber ist der Ortsteil Johannisberg mit seinem in majestätischer Lage auf einem vorgeschobenen Hügel hoch über dem Rhein thronenden Schloss. Ein Anblick, der schon Goethe faszinierte, als er auf seiner Rheinreise festhielt: „(...) der Johannisberg herrscht über alles." Schloss Johannisberg nimmt in vielerlei Hinsicht eine herausragende Stellung für den gesamten deutschen Weinbau ein. Nicht nur, dass hier der erste geschlossen mit Riesling bepflanzte Weinberg der Welt gewesen sein soll, auch die Entdeckung der Spätlese von überreifen Trauben wird mit diesem Ort verbunden. Während in Geisenheim Tonschiefer und Mergel vorherrschen, findet sich in Johannisberg auf einem Untergrund von Taunusquarzit ein steiniger Löss-Lehm, der gehaltvolle, reiche und würzige Rieslinge prägt.

Geisenheim | Geisenheim mit seinen knapp 12 000 Einwohnern besteht neben der namengebenden Gemeinde aus drei weiteren Stadtteilen – Marienthal, Johannisberg und Stephanshausen – wovon die letzteren beiden erst seit den 70er-Jahren des vorigen Jahrhunderts zur Gemeinde gehören. Touristisch etwas im Schatten von Johannisberg stehend, kann die Lindenstadt aber mit dem Rheingauer Dom, der Villa Monrepos und dem 1550 im Renaissancestil erbauten Schloss Schönborn durchaus eigene Akzente setzen. Im nur drei Kilometer entfernten Marienthal lockt das Wallfahrtskloster der Franziskaner jährlich viele tausend Besucher an. Der Rathausplatz in der Ortsmitte wird von einer rund 700 Jahre alten Linde beherrscht, unter der schon im Mittelalter Rats- und Gerichtssitzungen abgehalten wurden.

Der Rheingauer Dom mit seiner neugotischen Doppelturmfassade

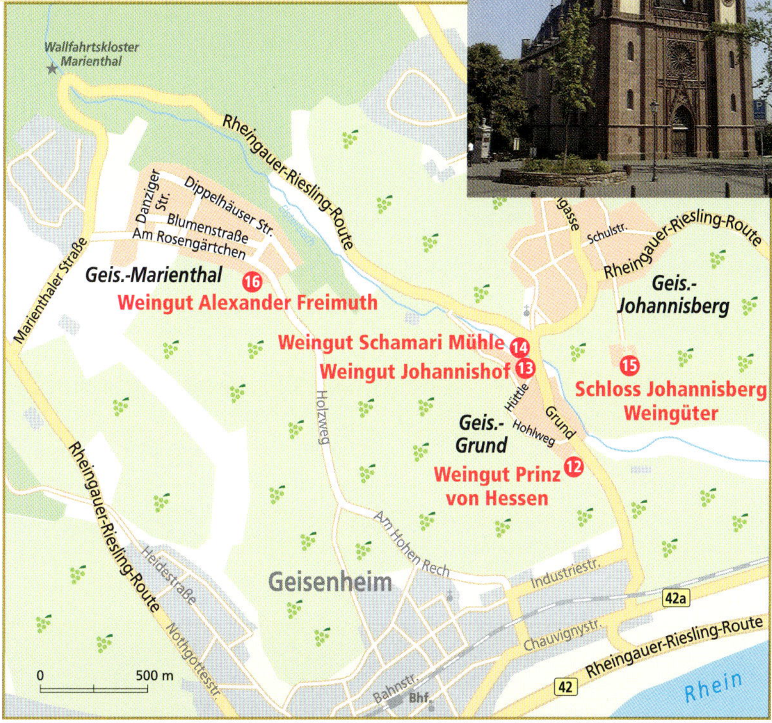

MEIN LIEBLINGSLOKAL

Weinklause Schamari-Mühle

Der Besuch in der 1930 eröffneten Gaststube im denkmalgeschützten Mühlengebäude ist für mich stets wie eine Reise zurück in die „gute alte" Zeit. Es scheint, als sei hier seit Jahrzehnten so gut wie nichts verändert worden zu sein. Im Sommer kann man einfache kleine Speisen und die guten hauseigenen Weine auch draußen im schönen Blumengarten genießen.

➲ **Weinklause Schamari-Mühle**
Grund 65
65366 Johannisberg
Tel.: 0 67 22/6 45 37
www.schamari.de

ESSEN & TRINKEN

➲ **Gutsschänke Schloss Johannisberg**
Tel.: 0 67 22/9 60 90
www.schloss-johannisberg.de
Traumhafter Blick von der Terrasse hoch über dem Rhein.

➲ **Gutsausschank Weingut Ohlig im Kapellengarten**
Rheinstraße 7
65366 Geisenheim
Tel.: 0 67 22/9 92 80
www.peterohlig.de
Vor allem an lauen Sommerabenden zu empfehlender romantischer Gutshof mit mediterranem Flair.

➲ **Burg Schwarzenstein Restaurant Burg Pavillion**
Rosengasse 32
65366 Geisenheim-Johannisberg
Tel.: 0 67 22/9 95 00
www.burg-schwarzenstein.de
Glaskubus mit Rundumblick. Günstigerer Ableger des benachbarten Luxusrestaurants. Schmor- und Grillgerichte und hochwertige Weine.

ÜBERNACHTEN

➲ **Hotel Haus Neugebauer**
65366 Geisenheim-Johannisberg
Tel.: 0 67 22/9 60 50
www.hotel-neugebauer.de
Wunderschön zwischen Reben und Wald gelegene alte Villa, Anfang des 20. Jhdts. als Internat erbaut.

➲ **Hotel Kloster Johannisberg**
Badpfad 1
65366 Geisenheim-Johannisberg
Tel.: 0 67 22/49 79 10
www.kloster-johannisberg.net
Neu eröffnetes, stilvolles Haus im ehemaligen Kloster inmitten der Weinberge mit weitem Blick in den Rheingau.

➲ **Waldhotel Gietz**
Marienthaler Straße 20
65366 Geisenheim-Marienthal
Tel.: 0 67 22/9 96 00
www.waldhotel-gietz.de

Idyllisch am Waldrand oberhalb von Geisenheim gelegenes Wellness-Hotel im Landhausstil.

➲ **Hotel Burg Schwarzenstein**
Rosengasse 32
65366 Geisenheim-Johannisberg
Tel.: 0 67 22/9 95 00
www.burg-schwarzenstein.de
Luxuriöse, individuell mit ausgesuchten Antiquitäten ausgestattete Zimmer in einer romantischen Burg inmitten der Weinberge.

EINKAUFEN

➲ **Obstbau Olaf Fischer**
Elstermühle
65366 Geisenheim-Johannisberg
Tel.: 0 67 22/7 17 12
www.elstermuehle.de
Bekannt für gute Brände und den probierenswerten Kirschwein.

➲ **Obstgut Geiger**
Auf der Heide
65366 Geisenheim
Tel.: 0 67 22/61 30
Zahlreiche Obstsorten und Beeren sind hier saisonal im Angebot. Ebenso selbst gemachte Marmeladen und Gelees.

ENTDECKEN

➲ **Parkanlage Villa Monrepos**
Der prächtige Park der Villa bildete den Grundstock zu der heute weltbekannten Forschungsanstalt für Wein-, Obst- und Gartenbau.
www.campus-geisenheim.de

➲ **Kloster Johannisberg**
Benediktinerinnen-Kloster mit Kirche aus dem Jahr 1929.
www.johannisberg-web.de

KLOSTER MARIENTHAL

Marienthal gehört zu den ältesten Wallfahrtsorten in Deutschland. Laut der Legende erhielt hier 1309 ein Jäger nach einer Fürbitte vor einem Marienbild sein Augenlicht zurück. Sein Herr, der Junker Hans Schaffrait, ließ daraufhin an dieser Stelle eine Kapelle errichten, 1330 folgte der Bau einer Kirche. Bedeutsam ist das Jahr 1468, als hier die Brüder vom Gemeinsamen Leben eine der ersten Druckereien der Welt unter dem Namen „Marienthaler Presse" einrichteten. Später übernahmen dann Jesuiten das Kloster. Seit 1773 dem Verfall preisgegeben, wurde das Gebäude erst 1858 wieder aufgebaut. Heute führen Franziskanermönche die lange Wallfahrtstradition des Ortes fort.

BEWEGEN

➲ **Johannisberger Weinwanderweg**
Vom Start am Spätlesereiter-Denkmal führt der Weg auf 7 km durch berühmte Lagen über Schloss Hansenberg zurück nach Schloss Johannisberg.
www.geisenheim.de

JOHANNISBERG

WEINGUT PRINZ VON HESSEN

Als erstes Gebäude bei der Auffahrt zum Johannisberg grüßt das Weingut des Prinzen von Hessen die Besucher. An der Frontseite wild-romantisch von Efeu überwachsen, bietet der nüchterne Zweckbau von der Hofseite her jedoch wenig Romantisches. Davon sollte man sich aber keinesfalls abschrecken lassen, denn im Inneren erwartet die Gäste einer der schönsten Verkostungssalons in der Region. Die Rieslinge probiert man hier an schönen Vinothek-Stehtischen und blickt dabei durch große Fenster in die Weinberge. Im Sommer kann man sich hierzu auch auf die idyllische Terrasse begeben. Das Weingut ist übrigens nicht im Privatbesitz des Prinzen, sondern zählt zur Hessischen Hausstiftung, deren Erträge der Erhaltung der berühmten, öffentlich zugänglichen Sammlung von Kunst- und Kulturwerten des Fürstenhauses zufließen.

MEIN TIPP

Das Haus Hessen hat nach wie vor enge Beziehungen zu vielen europäischen Königshäusern, weshalb die Weine dieses Guts auch auf zahlreichen Tafeln des Hochadels vertreten sind. So lässt sich z. B. auch das Haus Savoyen, das die letzten Könige Italiens stellte, regelmäßig eine Sendung Rheingauer Rieslinge schicken.

12 WEINGUT PRINZ VON HESSEN
Grund 1
65366 Geisenheim-Johannisberg
Tel.: 0 67 22/40 91 80
Fax: 0 67 22/4 09 18 20
E-Mail: info@prinz-von-hessen.de
Internet: www.prinz-von hessen.de

Preisniveau: gehoben
Anmeldung: nicht erforderlich
Öffnungszeiten: Mo. bis Fr. 9–17 Uhr, jeden 1. und 3. Sa. im Monat 11–15 Uhr

13 WEINGUT JOHANNISHOF
Grund 63
65366 Geisenheim-Johannisberg
Tel.: 0 67 22/82 16
Fax: 0 67 22/63 87
E-Mail: info@weingut-johannishof.de
Internet: www.weingut-johannishof.de

Preisniveau: gehoben
Anmeldung: empfehlenswert
Öffnungszeiten: Mo. bis Fr. 8–12 und 13–18 Uhr, Sa. 10–15 Uhr
Am Wochenende im Weintempel: Sa. und So. 11–17 Uhr

JOHANNISBERG

WEINGUT JOHANNISHOF

Vom noblen Weintempel, der neben dem alten Gebäude des Johannishofs errichtet wurde, sollte man sich nicht zu einem falschen Eindruck verführen lassen. Denn in diesem Weingut geht es alles andere als würdevoll-gemessen zu: Die das Weingut betreibende Familie Eser ist eine der sympathischsten Winzerfamilien des Rheingaus – was angesichts ihres internationalen Erfolgs keineswegs selbstverständlich ist. Unter der Woche wird man im alten Gutshaus zur Weinprobe meist von Elfriede Eser und ihrer Schwiegertochter Sabine empfangen, am Wochenende kann man sich dann im Weintempel durch das Sortiment verkosten. Besondere Beachtung sollte man dabei vor allem auch den „Ersten Gewächsen“ aus den Lagen Johannisberger Hölle und Rüdesheimer Berg Rottland schenken, die seit einigen Jahren regelmäßig zu den feinsten trockenen Rieslingen des Rheingaus gezählt werden.

MEIN TIPP

Bei den Esers gibt es traditionell nicht nur den aktuellen Jahrgang im Verkauf, sondern meist auch noch bis zu vier Jahre ältere Jahrgänge. Eine gute Möglichkeit also, den Keller mit Gewächsen zu bereichern, die im Weingut unter optimalen Bedingungen zur Trinkreife gelangt sind.

14 WEINGUT SCHAMARI-MÜHLE
Grund 65
65366 Geisenheim-Johannisberg
Tel.: 0 67 22/6 45 37
E-Mail: mail@schamari.de
Internet: www.schamari.de

Preisniveau: günstig bis bürgerlich
Anmeldung: empfehlenswert
Öffnungszeiten: Mo. bis Sa. 9–12 und 13–18 Uhr sowie nach telefonischer Vereinbarung und während der Öffnungszeiten des Gutsausschankes

JOHANNISBERG

WEINGUT SCHAMARI-MÜHLE

Dass das kleine Weingut in der Schamari-Mühle hier als besonderer Tipp erwähnt wird, liegt nicht nur an den guten Rieslingen und den bemerkenswerten (und angesichts der Qualität günstigen) Rotweinen, sondern vor allem auch an der herzlich-unkomplizierten und stets fröhlichen Persönlichkeit von Winzer Erik Andersson. Hier ist alles – für den noblen Weinbauort eher ungewöhnlich – wunderbar unprätentiös und locker. Das Gespräch mit Andersson über seine Weine ist völlig frei von Eitelkeiten und verkäuferischem Impetus. Und gerade deshalb macht es so viel Freude, hier einige Flaschen mitzunehmen. Das Gebäude selbst war die letzte noch arbeitende Mühle in Johannisberg und wurde 1930 in ein Weingut mit Weinklause umgewandelt.

MEIN TIPP

Der skandinavische Name des Winzers mag auf den ersten Blick etwas im Gegensatz zu seinem urhessischen Dialekt und Mutterwitz stehen. Tatsächlich wurde das Weingut jedoch in den 50er-Jahren von Erik Anderssons Vater, einem schwedischen Kaufmann, ererbt. Obwohl Erik ein echter Rheingauer ist, besitzt er deshalb einen schwedischen Pass.

JOHANNISBERG

SCHLOSS JOHANNISBERG

Eine Reise durch den Rheingau ist nicht komplett ohne einen Besuch auf Schloss Johannisberg. Das Gebäude selbst kann man zwar nicht betreten, da es bis vor kurzem noch der Privatwohnsitz der Fürstin Winneberg-Metternich war. Sonntags findet jedoch in der Regel eine Führung durch den sehenswerten Keller mit Weinprobe statt (14 €). Aber auch die stilvolle Vinothek des Weinguts im rechten Seitengebäude ist einen Besuch wert. Hier kann man nicht nur die berühmten Weine des Schlosses probieren und kaufen, sondern auch die – etwas günstigeren – Gewächse des benachbarten, ebenfalls zum Besitz gehörenden Weinguts G. H. von Mumm. Die Orientierung im Sortiment fällt leicht, da einerseits kompetente Weinberater bereitstehen, andererseits aber auch aufgrund der traditionellen Kapselfarben, wobei Gelb für Qualitätsweine, Rot für Kabinett und Grün für Spätlese steht.

MEIN TIPP

Hinter der Vinothek führt ein Laubengang zu einer Aussichtsterrasse, von der aus man einen atemberaubenden Blick hat. Achten Sie hier auch auf das halblinks unterhalb im Weinberg stehende kleine Eisenkreuz mit der goldenen Ziffer – es markiert den Verlauf des 50. Breitengrads.

15 SCHLOSS JOHANNISBERG
65366 Geisenheim-Johannisberg
Tel.: 0 67 22/7 00 90
Fax: 0 67 22/70 09 33
E-Mail: info@schloss-johannisberg.de
Internet: www.schloss-johannisberg.de

Preisniveau: gehoben bis Luxus
Anmeldung: nicht erforderlich
Öffnungszeiten: Mo. bis Fr. 10–13 und 14–18 Uhr, Sa. und So. 11–17 Uhr

MARIENTHAL

WEINGUT FREIMUTH

Nur wenige Weingüter im Rheingau überraschen den Besucher mit einer solch grandiosen Aussicht wie der am Ortsrand von Marienthal inmitten von Weinbergen neu erbaute Betrieb von Alexander Freimuth. Die breiten Panoramafenster erlauben an klaren Tagen den Blick nach Südosten über Mainz bis hin zur Bergstraße und nach Südwesten über Bingen bis zum nordpfälzischen Donnersberg. Die duftigen Rieslinge und überraschend günstigen Spätburgunder verkostet man an der Theke oder zu Tisch in einem hellen, stilvollen Raum, der zwar als Straußwirtschaft bezeichnet wird, für den diese traditionelle Bezeichnung aber wegen seiner frischen Eleganz etwas irreführend ist. Im Sommer kann man es sich auch auf der Terrasse gemütlich machen, von der aus das grandiose Panorama ebenfalls wunderbar zur Geltung kommt. Liebhaber knochentrockener Weine sollten hier auf den Riesling „Zero" achten.

MEIN TIPP

Als eine für das Rheingau etwas exotische Spezialität hat Alexander Freimuth auch etwas Sauvignon Blanc angepflanzt und 2005 den ersten Wein daraus gekeltert.

16 WEINGUT FREIMUTH
Am Rosengärtchen 25
65366 Geisenheim-Marienthal
Tel.: 0 67 22/98 10 70
Fax: 0 67 22/98 10 71
E-Mail: info@weingut-alexander-freimuth.de
Internet: www.weingut-alexander-freimuth.de

Preisniveau: bürgerlich bis gehoben
Anmeldung: erforderlich
Öffnungszeiten: nach Vereinbarung

Schloss Johannisberg

Die herausragende Stellung, die Schloss Johannisberg nicht nur für den Rheingau, sondern weit darüber hinaus für den gesamten deutschen Weinbau einnimmt, spiegelt sich auch in seiner majestätischen Lage auf einem vorgeschobenen Hügel hoch über dem Rhein wider. Ein Anblick, der seit jeher die Reisenden im Rheingau fasziniert hat, und dem auch große Dichter wie Goethe oder Heine ihre Hochachtung gezollt haben. Letzterer fasste dies in die Zeilen: „Mon Dieu, wenn ich doch so viel Glauben in mir hätte, dass ich Berge versetzen könnte, der Johannisberg wäre just derjenige Berg, den ich mir überall nachkommen ließe."

Bereits zu Beginn des neunten Jahrhunderts wurde hier erstmals die Weinernte urkundlich erwähnt. Ludwig der Fromme, Sohn Karls des Großen, nennt in einem Dokument aus dem Jahre 817 eine Ernte von rund 6000 Litern. Ab 1096 begannen dann Mainzer Benediktiner an dieser Stelle mit dem Bau des ersten Klosters im Rheingau. Dessen Basilika wurde 1130 Johannes dem Täufer geweiht und so kamen das Kloster und die Gemeinde zu ihrem Namen. Im 16. Jahrhundert dann der Niedergang: Während des Bauernkrieges kam es zu Plünderungen, 1563 wurde das Kloster schließlich aufgelöst. 1716 erwarb dann der Fürstabt von Fulda, Konstantin von Butlar, das Anwesen und ließ das barocke Schloss erbauen. Nur vier Jahre später wurde auf Weisung Konstantins im Schlossberg erstmals ein Rebgarten komplett mit der Edelsorte Riesling bepflanzt, der seither als ältester Rieslingweinberg der Welt gelten darf. Im Zuge der Säkularisierung fiel das prachtvolle Schloss dann zunächst in den Besitz des Hauses Nassau-Oranien und ab 1806 an Napoleon Bonaparte. Nach dem Zusammenbruch des napoleonischen Frankreichs bekam 1816 der österreichische Außenminister Klemens Fürst von Metternich aus den Händen Kaiser Franz I. Schloss Johannisberg geschenkt. Bis zu ihrem Tod im Sommer 2006 wurde der Barockbau von der Witwe seines Urenkels, der Fürstin Tatiana, bewohnt.

Schloss Vollrads mit seinem mächtigen Wohnturm im Morgennebel

Oestrich-Winkel und Umgebung

Oestrich-Winkel ist mit seinen Teilorten Mittelheim und Hallgarten das Herz des mittleren Rheingaus und die größte Weinbaugemeinde des Anbaugebiets. Zahlreiche der bekanntesten Lagen der Region, von Jesuitengarten über Hasensprung bis hin zu Lenchen, Doosberg und Schönhell finden sich ebenso auf dieser Gemarkung wie das weltberühmte Schloss Vollrads mit seiner mindestens 800-jährigen Weinbautradition. Die Weine zeigen hier je nach Standort der Reben ganz unterschiedliche Ausprägungen. Während der Boden der ufernahen Rebgärten stark vom Rhein geprägt ist und den Charakter einer ehemaligen Auenlandschaft erkennen lässt, sind die Lagen nördlich der Ortschaften deutlich von Löss dominiert, der an den besten Stellen mit Kies durchmischt ist und auf Quarzit im Untergrund ruht. Hier wachsen ausgesprochen saftige, fruchtbetonte Rieslinge. In Hallgarten, etwas oberhalb vom Rhein am Fuße des Taunus gelegen, befinden sich die höchstgelegenen Weinberge des Rheingaus. Der Ortsteil Winkel hingegen soll die älteste Ansiedlung auf der Gemarkung der heutigen Gemeinde sein, wie der Fund eines römischen Rebenmessers nahelegt.

Oestrich-Winkel | Oestrich-Winkel ist reich an Geschichte und an Sehenswürdigkeiten. Auf die lange Weinbautradition verweist das Wahrzeichen der Stadt, der Weinverladekran am Rheinufer. Im Stadtteil Mittelheim erwartet die Besucher die berühmte romanische Basilika St. Aegidius, in Winkel steht das Graue Haus, das älteste bewohnbare Steingebäude Deutschlands, sowie das Sommerhaus der Familie Brentano. Etwas außerhalb liegt Schloss Vollrads und im Ortsteil Hallgarten stößt man auf die Pfarrkirche Mariae Himmelfahrt und das Itzstein'sche Gutshaus, einen geheimen Treffpunkt der deutschen Demokratiebewegung.

Der 1745 erbaute Weinverladekran in Oestrich war noch bis 1924 in Betrieb.

MEIN LIEBLINGSLOKAL

Gutsrestaurant Schloss Vollrads | Das Restaurant im Kavaliershaus von Schloss Vollrads mit Orangerie und schöner Terrasse mit Gartenblick wird jetzt vom Team des renommierten Wiesbadener Hotels Nassauer Hof geführt. Verfeinerte ländliche Küche mit Pfiff, meist abgestimmt auf die gutseigenen Rieslinge. Häufig werden hier Produkte aus ökologischer Erzeugung verwendet. Empfehlenswert auch für ein Vesper am Nachmittag.

➲ Gutsrestaurant Schloss Vollrads
65375 Oestrich-Winkel
Tel.: 0 67 23/52 70
www.schlossvollrads.de

ESSEN & TRINKEN

➲ Restaurant und Weinstube Grüner Baum
Rheingaustraße 45
65375 Oestrich-Winkel
Tel.: 0 67 23/16 20
Historisches Weingasthaus mit von Reben überwachsenem Hof in der Ortsmitte von Oestrich.

➲ Die Wirtschaft
Hauptstraße 70
65375 Oestrich-Winkel
Tel.: 0 67 23/74 26
www.die-wirtschaft.net
Uriges Weinstubenlokal mit guter Küche und schönem Innenhof.

➲ Gutsausschank Zehntenhof
Hauptstraße 68
65375 Oestrich-Winkel
Tel.: 0 67 23/88 86 52
Beliebter Gutsausschank des Weinguts Ohlig in der Ortsmitte von Winkel.

ÜBERNACHTEN

➲ Hotel F. B. Schönleber
Hauptstraße 1b
65375 Oestrich-Winkel
Tel.: 0 67 23/9 17 60
www.fb-schoenleber.de
Zentral gelegenes neues Hotel der bekannten Winzerfamilie. Teilweise haben die Zimmer Balkon und Rheinblick. Ausschließlich Nichtraucherzimmer.

➲ Hotel Schwan
Rheinallee 5-7
65375 Oestrich-Winkel
Tel.: 0 67 23/80 90
www.hotel-schwan.de
Traditionsbetrieb mit komfortabel eingerichteten Gästezimmern im historischen Fachwerkhaus von 1628 direkt am Rhein.

➲ Gästehaus Querbach
Lehnchenstraße 19
65375 Oestrich-Winkel
Tel.: 0 67 23/38 87
Neugebautes Gästehaus des renommierten Weinguts direkt am Lehnchenweinberg. Nur für Nichtraucher.

EINKAUFEN

➲ Metzgerei Brohm
Hauptstraße 27
65375 Oestrich-Winkel
Tel.: 0 67 23/20 09
Empfehlenswert sind die Wildspezialitäten, da der Chef selbst Jäger ist.

ENTDECKEN

➲ St. Walpurga in Winkel
Sehenswerte spätgotische Pfarrkirche. Auf Friedhof nebenan liegt das Grab der Dichterin Karoline von Günderode.

➲ Mittelheim
Nur wenige Meter voneinander entfernt befinden sich hier die zwischen 1118 und 1131 erbaute Basilika Sankt Aegidius, das historische Rathaus im gotischen Stil und der Reiz'sche Hof, ein Renaissancegebäude mit beeindruckender Fassade.

➲ Die Hallgartener Zange
580 Meter hoher Bergvorsprung mit Aussichtsturm aus dem Jahr 1909.
Infos zu Oestrich-Winkel unter:
www.oestrich-winkel.de

BEWEGEN

➲ Rheingauer Flötenweg
30 km langes Wegenetz durch die Gemeinden Oestrich-Winkels. Infos und Karte unter:
www.floetenweg.de

➲ Freibad Hallgarten
Rosenthalstraße
Tel.: 0 67 23/43 80
www.oestrich-winkel.de

DAS BRENTANOHAUS IN WINKEL

1804 von der kunstsinnigen Familie Brentano als Sommerhaus erworben, trafen sich hier Anfang des 19. Jhdts. viele rheinbegeisterte Romantiker. Berühmtester Gast war Goethe, der auf dem Landgut „viele glückliche Stunden" verbrachte. Aber auch die Brüder Grimm, die Dichter Christoph Martin Wieland und Achim von Arnim – der künftige Gatte von Bettina Brentano – und Ludwig van Beethoven weilten hier. Die Brentanos betreiben noch heute ein Weingut in Oestrich-Winkel und gleich gegenüber dem Familiensitz befindet sich die sehenswerte ehemalige Scheune des Guts, heute ein Kulturhaus im Besitz der Stadt. Von März bis Oktober kann das Brentanohaus an einigen Samstagen jeweils um 16 Uhr besichtigt werden (genaue Termine siehe Internetseite). Ansonsten werden Führungen (auf Wunsch mit Weinprobe) nur nach rechtzeitiger Voranmeldung angeboten.

➲ Am Lindenplatz 2
65375 Oestrich-Winkel
Tel.: 0 67 23/20 68
www.brentano.de

WINKEL

SCHLOSS VOLLRADS

Die Weine des Vollradser Schlosses erlangten bereits früh Weltruf und galten gemeinsam mit denen des benachbarten Schlosses Johannisberg als Synonym für feinste deutsche Gewächse. Noch heute scheint man im Charakter dieser Rieslinge eine geradezu aristokratische Finesse zu spüren. Verkosten kann man diese Weine in der schönen Vinothek im Schlosshof. Doch auch die Schlossanlage mit ihrem trutzigen Wohnturm ist sehenswert. Dieses bereits um 1330 entstandene Gebäude gilt als ältester Teil und wurde schon von Goethe 1814 als „wunderlich" beschrieben. Das Schloss war lange im Besitz der Grafen von Greiffenclau, deren Geschichte sich hier bis 1097 zurückverfolgen lässt. Die Familie betrieb über 28 Generationen hinweg Weinbau und gehörte damit zu den weltweit ältesten Weindynastien. Nach einer Krise in den 90er-Jahren hat heute Dr. Rowald Hepp das Gut wieder zu altem Ruhm zurückgeführt.

MEIN TIPP

Unter der Woche kann man sich im Sommer in der Vinothek auch ein gekühltes Fläschchen (gegen kleinen Aufpreis) und Gläser geben lassen und den Wein dann gleich im Schlosshof genießen. Am Wochenende wird hierfür sogar ein kleiner Stand aufgebaut.

17 **SCHLOSS VOLLRADS**
Vollradser Allee
65375 Oestrich-Winkel
Tel.: 0 67 23/6 60
Fax: 0 67 23/66 66
E-Mail: info@schlossvollrads.com
Internet: www.schlossvollrads.com

Preisniveau: gehoben bis Luxus
Anmeldung: nicht erforderlich
Öffnungszeiten: Mo. bis Fr. 9–18 Uhr (Nov. bis Ostern 9–17 Uhr), Sa. und So. 11–19 Uhr (Nov. bis Ostern 12–17 Uhr)

18 WEINGUT FRITZ ALLENDORF
Kirchstraße 69
65375 Oestrich-Winkel
Tel.: 0 67 23/9 18 50
Fax: 0 67 23/91 85 40
E-Mail: allendorf@allendorf.de
Internet: www.allendorf.de

Preisniveau: bürgerlich bis gehoben
Anmeldung: nicht erforderlich
Öffnungszeiten: Mo. bis Fr. 8–12 und 13–18 Uhr, Sa. 10–16 Uhr

WINKEL

WEINGUT FRITZ ALLENDORF

Der Besuch im Weingut Fritz Allendorf, mit rund 58 Hektar Rebfläche der größte Familienbetrieb im Rheingau, ist nicht nur aufgrund des breiten Sortiments besonders interessant, sondern auch wegen der faszinierenden „Wein-Erlebniswelt". Man kann hier an 19 Aroma-Säulen Düfte, die im Wein in unterschiedlichster Zusammensetzung vorkommen, in Reinform erschnuppern und Originalböden der verschiedenen Rheingauer Weinbergslagen in ihrer Beschaffenheit erfühlen. Im Weinkeller sind Ausbau- und Lagermethoden im modernen und im historischen Weinbaubetrieb anschaulich dargestellt. In der Glaswelt werden Wissen und Gefühl für perfekte Trinkgefäße geschult. Nur 20 Minuten braucht man, um im virtuellen Weinberg den Vegetationszyklus eines ganzen Jahres zu erleben. Die Tour endet in der Vinothek, wo noch einmal ausgiebig probiert und eingekauft werden kann.

MEIN TIPP

Allein das Erlebnis des „Farbraums" ist eine Reise wert. Verschiedene Lichtfarben lassen hier denselben Wein unterschiedlich schmecken. Hierfür wurde das Weingut sogar mit dem EU-Innovationspreis ausgezeichnet.

19 **WEINGUT ALOIS DAHN**
Fontanestraße 3
65375 Oestrich-Winkel
Tel.: 0 67 23/34 82
Fax: 0 67 23/8 81 52
E-Mail: info@weingut-dahn.de
Internet: www.weingut-dahn.de

Preisniveau: günstig
Anmeldung: erforderlich
Öffnungszeiten: nach Vereinbarung

WINKEL

WEINGUT ALOIS DAHN

Bodenständiger geht es kaum: Ein kleines, unauffälliges Einfamilienhäuschen an einer ruhigen Nebenstraße in einem Wohngebiet von Winkel (hinter dem sich allerdings ein durchaus geräumiger Keller befindet). Alles im Weingut Dahn ist überaus familiär und unaufgeregt. Zur Probe wird man an den Küchentisch mit Kachelofen gebeten, die Gastgeber sind herzlich und unkompliziert. Besondere Freude macht hier das Gespräch mit dem für den Keller verantwortlichen Sohn Michael Dahn, der nie um einen guten Spruch oder eine fröhliche Bemerkung verlegen ist. Die einfache und zugängliche Art dieses Betriebs könnte zu dem Schluss verleiten, auch die Weine des Hauses als eher einfach einzuschätzen. Das wäre jedoch ein großer Irrtum, denn hier bekommt man selbst mit kleinerem Geldbeutel einige sehr schmackhafte Tropfen, die in dieser Qualität anderenorts deutlich teurer wären.

MEIN TIPP

Wer sich im mittleren Rheingau die Kehle statt von Riesling lieber von einem seidigen Rotwein streicheln lassen will, der ist hier genau richtig. Das Weingut hat mit über 50 Prozent den höchsten Rotweinanteil weit und breit.

WINKEL

WEINGUT JOHANNES OHLIG

In der Ortsmitte von Winkel findet man an der Hauptstraße den stattlichen, über 400 Jahre alten Zehnthof, in dem früher die Steuerabgaben in Naturalien und Geld abzuliefern waren. Heute beherbergt er nicht nur einen überaus angenehmen Gutsausschank, sondern auch das dazugehörige Weingut Ohlig. Der auch auf den Etiketten der Weine abgebildete romantische Fachwerkinnenhof dieses Betriebs steht ein wenig im Gegensatz zur neu renovierten Probierstube, in der helles Holz und eine modern-elegante Ausstattung eine überraschend frische Stimmung ausstrahlen und die Familie Ohlig freundlich und kompetent ihre Weine präsentiert. Dieses Ambiente passt jedoch bestens zum zeitgemäßen Stil der Rieslinge von Johannes Ohlig, der zur Gruppe der Rheingauer Jungwinzer gehört und für die frische, feinfruchtige Eleganz seiner Rieslinge ebenso bekannt ist wie für deren hervorragendes Preis-Genuss-Verhältnis.

MEIN TIPP

Mir gefällt hier oft der Riesling Classic besonders gut. Johannes Ohlig gibt sich auch bei diesem eher günstigen Wein stets besondere Mühe. Das Resultat ist ein rassiger Wein für jeden Tag, der für relativ wenig Geld viel Trinkfreude bietet.

20 WEINGUT JOHANNES OHLIG
Hauptstraße 68
65375 Oestrich-Winkel
Tel.: 0 67 23/20 12
Fax: 0 67 23/8 78 72
E-Mail: info@weingut-ohlig.de
Internet: www.weingut-ohlig.de

Preisniveau: günstig bis bürgerlich
Anmeldung: nicht erforderlich
Öffnungszeiten: Mo. bis Fr. 8–12 und 14–18 Uhr, Sa. 8–16 Uhr

MITTELHEIM

WEINGUT DR. CORVERS-KAUTER

Bei Brigitte und Matthias Corvers dreht sich die Weinwelt nicht nur um sich selbst, sondern wird immer auch mit anderen Sinneserlebnissen verbunden. Insbesondere die Harmonie von Wein und Speisen hat es dem lebensfrohen Paar angetan. Deshalb finden auf dem Gut häufig Seminare und Weinproben zu diesem Thema statt und auch das Küchenangebot des eigenen Gutsausschanks hebt sich deutlich und wohl durchdacht vom Gewohnten ab. Zur Probe wird man in die schöne Vinothek im Weinkeller geführt, in der auch zahlreiche kleine Delikatessen und Mitbringsel wie feine Essige, Öle, Pesto oder Senf angeboten werden. Neben den interessanten Rieslingen aus einigen sehr namhaften Lagen kann man hier mit dem „Satyr" eine Kuriosität verkosten: einen zum Likör mit 26 Prozent Alkohol verstärkten Eiswein.

MEIN TIPP

Für Liebhaber der Kombination von feiner Schokolade und edlen Weinen gibt es hier ein eigens zusammengestelltes Probierpaket, bei dem verschiedene Schokoladenarten unterschiedlichen Weintypen zugeordnet wurden.

21 **WEINGUT**
DR. CORVERS-KAUTER
Rheingaustraße 129
65375 Oestrich-Winkel
Tel.: 0 67 23/26 14
Fax: 0 67 23/24 04
E-Mail: info@corvers-kauter.de
Internet: www.corvers-kauter.de

Preisniveau: bürgerlich bis gehoben
Anmeldung: empfehlenswert
Öffnungszeiten: nach Vereinbarung

22 **WEIN- UND SEKTGUT F. B. SCHÖNLEBER**
Obere Roppelsgasse 1
65375 Oestrich-Winkel
Tel.: 0 67 23/34 75
Fax: 0 67 23/47 59
E-Mail: info@fb-schoenleber.de
Internet: www.fb-schoenleber.de

Preisniveau: bürgerlich
Anmeldung: empfehlenswert
Öffnungszeiten: Mo. bis Sa. 8–11.30 und 13–19 Uhr

MITTELHEIM

WEIN- UND SEKTGUT F. B. SCHÖNLEBER

Das Weingut F. B. Schönleber kann auf eine über 200-jährige Tradition in Mittelheim zurückblicken. Alte Urkunden belegen den Weinanbau in der Familie bis ins Jahr 1783. Seit Anfang der 90er-Jahre hat man sich auch auf die Erzeugung von feinen Sekten spezialisiert und trägt daher heute die Bezeichnung „Wein- und Sektgut“. Eigentlich umfasst der Familienbetrieb aber alle Aspekte, die zum Wohlbefinden eines Weinliebhabers auf Besuch im Rheingau beitragen können, da man direkt neben der Kellerei mit ihrer hellen, einladenden Probierstube auch ein sehr angenehmes Hotel und ein ländlich-gemütliches Restaurant betreibt. Während heute mit den Brüdern Bernd und Ralf die junge Generation das Weingut führt, kümmern sich mit Franz und Katharina Schönleber die Eltern um Gastronomie und Hotellerie.

MEIN TIPP

Wer beim Sekt auf wirklich „knochentrockene" Qualitäten Wert legt, der sollte hier einmal den „Schönlebers Hardliner" genannten Riesling Extra Brut probieren. Obgleich kompromisslos trocken ist er dennoch nicht unausgewogen und überzeugt mich durch seine feine Frucht und Rasse.

23 WEINGUT HUPFELD – KÖNIGIN VICTORIABERG
Albansgasse 4
65375 Oestrich-Winkel
Tel.: 0 67 23/13 98
Fax: 0 67 23/8 84 23
E-Mail: weingut@koenigin-victoriaberg.de
Internet: www.koenigin-victoriaberg.de

Preisniveau: bürgerlich
Anmeldung: empfehlenswert
Öffnungszeiten: Mo. bis Sa. 9.30–19 Uhr

MITTELHEIM

WEINGUT HUPFELD – KÖNIGIN VICTORIABERG

Im Gutshaus Hupfeld an der Hauptstraße von Mittelheim kann man sogar gleich zwei Weingüter kennen lernen, da der Betrieb unter den Brüdern Henning und Wolfram aufgeteilt ist. Während ersterer den berühmten Königin Victoriaberg in Hochheim bewirtschaftet, kümmert sich letzterer um die Lagen im mittleren Rheingau. Zur Verkostung angeboten und verkauft werden die Weine beider Güter jedoch im Mittelheimer Anwesen von Wolfram Hupfeld in der Rheingaustraße. Der königliche Name des Weinguts geht auf den Besuch des Hochheimer Weinbergs durch die englische Herrscherin im Jahr 1845 zurück. Der damalige Besitzer war clever genug, um die Ehre zu bitten, diesen nach der Majestät benennen zu dürfen. Ein Recht, das ihm 1850 urkundlich gewährt wurde. Aus Dankbarkeit (und sicher auch aus Stolz) errichtete man dann am 24. Mai 1854 inmitten des Weinbergs ein im englisch-neugotischen Stil gehaltenes Denkmal zu Ehren des 35. Geburtstags der Königin.

MEIN TIPP

Nach der Verkostung der Königin-Victoriaberg-Weine sollte man einen Ausflug zum sehenswerten, auch auf dem berühmten Etikett abgebildeten Denkmal in Hochheim ins Auge fassen (siehe Seite 84 ff.).

OESTRICH

WEINGUT PETER JAKOB KÜHN

Kaum ein anderer Wein des Rheingaus ist von einer solch markanten Persönlichkeit geprägt und zeigt so deutlich eine individuelle Handschrift wie jener aus dem Keller von Peter Jakob Kühn. Alle Gewächse werden spontan, das heißt nur unter Verwendung der natürlichen Hefen vergoren, und Experimente wie die Weinbereitung in Amphoren oder die Maischestandzeit bei den Rieslingtrauben sorgen für außergewöhnlich charaktervolle Tropfen von saftiger Dichte und prägnanter Mineralität. Dabei geht es dem sympathischen Winzerstar aus Oestrich keinesfalls um bloße Effekthascherei, sondern eher um das genaue Gegenteil, nämlich die ursprüngliche, vom Terroir geprägte Qualität der Trauben unverfälscht zu erhalten. Die Verkostung dieser Weine in der neuen Vinothek mit Blick in die Spitzenlage Lehnchen ist deshalb stets eine belebende Herausforderung für Sinne und Geist.

MEIN TIPP

In der Vinothek der Kühns ist das Terroir der Weinberge nicht nur schmeckbar, sondern auch begehbar! Der Boden besteht nämlich aus Quarzitsteinen, die in den eigenen Rebgärten gesammelt, hier eingefasst und dann flachgeschliffen wurden.

24 WEINGUT PETER JAKOB KÜHN
Mühlstraße 70
65375 Oestrich-Winkel
Tel.: 0 67 23/22 99
Fax: 0 67 23/8 77 88
E-Mail: info@weingutpjkuehn.de
Internet: www.weingutpjkuehn.de

Preisniveau: gehoben bis Luxus
Anmeldung: nicht erforderlich
Öffnungszeiten: Mo. bis Fr. 9–17 Uhr

OESTRICH

WEINGUT SPREITZER

Die beiden villenähnlichen Gebäude des Anwesens der Familie Spreitzer zeugen von der langen, erfolgreichen Weinbautradition dieses Guts. Der Aufstieg in die oberste Kategorie des Anbaugebiets gelang aber erst wieder ab 1994, als die Brüder Andreas und Bernd den Betrieb übernahmen und für frischen Wind sorgten. Doch obwohl die beiden heute auf Augenhöhe mit den internationalen Stars der Region stehen, haben sie sich ihre herzliche und verbindliche Art bewahrt. Aber es gibt noch einen weiteren Grund, warum der Besuch hier so viel Freude macht: Bei den Spreitzers finden sich die zurzeit wohl noch günstigsten Preise unter den Rheingauer Eliteweingütern. Eine Riesling-Spätlese auf diesem hohen Niveau für unter 10 Euro bereitet eben ein ganz besonderes Trinkvergnügen.

MEIN TIPP

Die beste fruchtige Spätlese des Guts ist mit der Zahl 303 gekennzeichnet. Dies geht auf eine legendäre 1920er-Trockenbeerenauslese zurück, die Großvater Josef Spreitzer damals mit sage und schreibe 303° Oechsle erzeugte. Im Verkostungsraum des Guts kann man die Kopie einer Zeitungsseite von 1921 bewundern, die über diesen sensationellen Wein berichtet.

25 WEINGUT SPREITZER
Rheingaustraße 86
65375 Oestrich-Winkel
Tel.: 0 67 23/26 25
Fax: 0 67 23/46 44
E-Mail: info@weingut-spreitzer.de
Internet: www.weingut-spreitzer.de

Preisniveau: bürgerlich bis gehoben
Anmeldung: nicht erforderlich
Öffnungszeiten: Mo. bis Fr. 9–12 und 13.30–18.30 Uhr, Sa. 9–16 Uhr

26 WEINGUT GEHEIMRAT J. WEGELER ERBEN
Friedensplatz 9–11
65375 Oestrich-Winkel
Tel.: 0 67 23/9 90 90
Fax: 0 67 23/99 09 66
E-Mail: info@wegeler.com
Internet: www.wegeler.com

Preisniveau: gehoben
Anmeldung: nicht erforderlich
Öffnungszeiten: Mo. bis Fr. 8–17 Uhr, Sa. 11–16 Uhr

OESTRICH

WEINGUT GEHEIMRAT J. WEGELER ERBEN

Das Privatweingut Wegeler ist vor allem in der Gastronomie und im Fachhandel vertreten. Trotzdem freut man sich im Gutshaus in der Ortsmitte von Oestrich stets sehr darüber, wenn Gäste, die die Weine bei Restaurantbesuchen kennen und schätzen gelernt haben, am „Ursprung" dieser Gewächse vorbeischauen. Neben dem Gutsgebäude hat man hierfür eine kleine Vinothek eingerichtet, in der man Freunde der Wegeler'schen Weine gerne empfängt. Gäbe es hier nicht die guten Rieslinge, so wäre schon allein das uralte, mit Stroh-Lehm ausgefüllte Fachwerk dieses Raumes einen Besuch wert. Höhepunkt der Verkostung ist aber für viele Kenner der schon zum Klassiker gewordene „Geheimrat J"-Riesling, eine trockene Spätlesenkomposition aus einigen der besten Lagen des Rheingaus.

MEIN TIPP

Dass es neben dem berühmten „Geheimrat J"-Riesling auch einen Sekt dieses Namens gibt, ist nicht überall bekannt. Dieser zählt jedoch zu den feinsten Riesling-Sekten Deutschlands und wird häufig serviert, wenn der Bundespräsident wichtige Staatsgäste empfängt, zuletzt beispielsweise anlässlich des Besuchs der englischen Königin oder des chinesischen Präsidenten.

27 WEINGUT AUGUST ESER
Friedensplatz 19
65375 Oestrich-Winkel
Tel.: 0 67 23/50 32
Fax: 0 67 23/8 74 06
E-Mail: mail@eser-wein.de
Internet: www.eser-wein.de

Preisniveau: bürgerlich bis gehoben
Anmeldung: erforderlich
Öffnungszeiten: Mo. bis Fr. 8–12 und 13–17 Uhr, Sa. 9–12 Uhr

OESTRICH

WEINGUT AUGUST ESER

Das Weingut Eser ist am oberen Ende des Friedensplatzes im Zentrum von Oestrich gelegen eigentlich leicht zu finden. Da es in diesem Ort aber zahlreiche weitere Weinbaubetriebe mit diesem Nachnamen gibt, kommt es immer wieder zu Verwechslungen. Man sollte also auf das Weingut *August* Eser achten, da sich dieser Betrieb mit seinen Weinen von allen anderen Esers in Oestrich deutlich abhebt. In der familiären, traditionell-stilvollen Probierstube mit einem schönen alten Klavier wird man üblicherweise von der sehr charmanten Tochter des Hauses Désirée Eser empfangen, die nach ihrem Abschluss als Diplom-Ingenieurin für Weinbau nun angetreten ist, die Familientradition in diesem Betrieb weiterzuführen. Hierzu gehört auch, dass man im Hause Eser den Weinen deutlich länger Zeit zum Ausbau lässt und den aktuellen Jahrgang meist erst später als andere Güter in den Verkauf bringt.

MEIN TIPP

Das Weingut verfügt über eine bemerkenswert große Vielfalt an Weinbergen. Der Besitz verteilt sich auf 17 Lagen in 8 Gemeinden. Hier kann man sich also von Osten (Rauenthaler Rothenberg) bis Westen (Rüdesheimer Bischofsberg) quer durch das Rheingau verkosten.

OESTRICH

WEINGUT QUERBACH

Peter Querbach hat mit großem Aufwand ein überaus sehenswertes Weingut und Gästehaus am Ortsrand von Oestrich errichtet. Dies zeugt ebenso von seiner Dynamik und seinem Ehrgeiz wie seine ausgesprochen charaktervollen Rieslinge. Bemerkenswert ist hierbei, dass selbst die „kleineren" Weine der Linie „Edition" (die in etwa den „Classic"-Weinen anderer Güter entspricht) über ein außergewöhnliches Entwicklungspotenzial verfügen, ganz zu schweigen von den Topweinen aus dem Oestricher Doosberg, die oft erst nach ein paar Jahren in der Flasche richtig aufblühen. Gleichermaßen selbstbewusst verzichtet Querbach nun schon seit einigen Jahren mit großem Erfolg auf die Verwendung von Naturkorken und setzt ganz auf die selbst entwickelte „Stainless-Cap", eine Art Kronkorken, der elegant von einer Kapsel umhüllt ist. Der großzügige Verkostungsraum bietet einen tollen Blick auf die Weinberge und den Taunus und ist mit interessanten Design-Elementen geschmückt.

MEIN TIPP

Das Angebot Querbachs weist eine bemerkenswerte Jahrgangstiefe auf. Hier kann man fast immer einen Wein aus vier bis fünf verschiedenen Jahrgängen im Vergleich verkosten.

28 WEINGUT QUERBACH
Lenchenstraße 19
65375 Oestrich-Winkel
Tel.: 0 67 23/38 87
Fax: 0 67 23/8 74 05
E-Mail: mail@querbach.com
Internet: www.querbach.com

Preisniveau: bürgerlich bis gehoben
Anmeldung: nicht erforderlich
Öffnungszeiten: Mo. bis Fr. 8–12 und 13–18 Uhr, Sa. 8–12 Uhr

HALLGARTEN

WEINGUT FÜRST LÖWENSTEIN

Das schöne Gutshaus am Rande der Spitzenlage Schönhell entspricht der distinguierten, zurückhaltenden Noblesse dieses Gutes. Empfangen wird man von der überaus freundlichen Heide Hennecken, die zur Verkostung entweder an die Stehtheke im Erdgeschoss oder aber in den schönen Raum der „Beletage" im Stockwerk darüber bittet. Seit über 300 Jahren betreibt das Fürstenhaus Löwenstein-Wertheim-Rosenberg den Weinbau. Interessant ist dabei, dass es gleich zwei Güter, nämlich dieses im Rheingau und ein weiteres im fränkischen Kreuzwertheim besitzt. Dort werden auch die Hallgartener Weine vinifiziert und ausgebaut, sodass man im Rheingau auf eine Besichtungstour durch den Keller verzichten muss. Neben den Rieslingen aus den Lagen Hallgartener Jungfer (etwas mineralischer) und Schönhell (etwas saftiger) sollte man hier auch ein Augenmerk auf die feinen Rotweine, insbesondere den seidigen Frühburgunder haben.

MEIN TIPP

Es steht hier auch stets eine Auswahl der fränkischen Wein zur Verkostung und zum Verkauf bereit. Besonders interessant sind die Weine aus dem Homburger Kallmuth, einem der beeindruckendsten Terrassenweinberge Frankens.

29 WEINGUT FÜRST LÖWENSTEIN
Niederwaldstraße 8
65375 Oestrich-Winkel/ Hallgarten
Tel.: 0 67 23/99 97 70
Fax: 0 67 23/99 97 71
E-Mail: weingut@loewenstein.de
Internet: www.loewenstein.de

Preisniveau: gehoben
Anmeldung: nicht erforderlich
Öffnungszeiten: Di. bis Fr. 13–17 Uhr, Sa. 10–14 Uhr

30 WEINGUT PRINZ
Im Flachsgarten 5
65375 Oestrich-Winkel/ Hallgarten
Tel.: 0 67 23/99 98 47
Fax: 0 67 23/99 98 48
E-Mail: prinzfred@gmx.de

Preisniveau: bürgerlich bis gehoben
Anmeldung: erforderlich
Öffnungszeiten: nach Vereinbarung

HALLGARTEN

WEINGUT PRINZ

Fred Prinz ist nicht nur einer der besten Winzer des Rheingaus, er ist auch einer der verstecktesten. Nichts deutet im Neubau-Wohngebiet von Hallgarten auf den Sitz eines Weinguts hin, noch dazu eines unter Weinexperten so hoch geschätzten Namens. Nur das Messing-Schild des VDP-Verbands an der Tür lässt erahnen, dass sich in dem Gebäude mehr verbirgt als nur Wohnungen. Streng genommen gibt es hier auch gar kein Weingut, da Fred Prinz seine Produktionsstätte anderenorts hat. Nur die kleine Probierstube befindet sich hier im Keller. Fred Prinz war früher als Kellermeister bei den hessischen Staatsweingütern tätig und erzeugte seine eigenen Weine sozusagen nach Feierabend auf noch nicht einmal zwei Hektar. Schon damals galten seine Gewächse als große Geheimtipps im Rheingau. Heute umfasst sein Betrieb, den er nun hauptberuflich führt, fast sechs Hektar und wird immer noch als besondere Empfehlung von Kennern der Region genannt.

MEIN TIPP

Besonders aufschlussreich ist für mich bei Fred Prinz stets der Vergleich der beiden schmackhaften Basisrieslinge. Während der trockene von Quarzitböden stammt, ist der feinherbe auf buntem Schiefer gewachsen.

Der Johannisberger Spätlesereiter

Auf Schloss Johannisberg verweist man mit Stolz darauf, dass hier im Jahr 1775 zum ersten Mal das Verfahren entdeckt worden sein soll, aus spät gelesenen, mit Edelfäule befallenen Trauben einen hochklassigen Wein zu erzeugen. Ob dies jedoch tatsächlich der Ursprung des Spät- oder Ausleseweins war, ist nicht ganz geklärt, da zu dieser Zeit ähnliche Weine wahrscheinlich auch schon im ungarischen Tokaj bekannt waren. Aber die schöne Geschichte um diese Entdeckung ist bis heute lebendig. Im 18. Jahrhundert war es üblich, dass die Gemeinden den Lesezeitpunkt festlegten und die Ernte freigaben. Auf Schloss Johannisberg war man jedoch an die Leseerlaubnis des Fürstbischofs von Fulda, des damaligen Eigentümers der Anlage, gebunden. Alljährlich wurde also im Herbst ein Kurier ins rund 165 Kilometer entfernte Fulda geschickt, um die Leseerlaubnis einzuholen. Im Jahr 1775 wartete man jedoch zunächst vergeblich auf die Rückkehr des Boten. Über den Grund seiner Verspätung kursieren heute zwei Versionen. Eine Darstellung besagt, der Fürstbischof sei auf der Jagd und deshalb nicht erreichbar gewesen. Die andere lautet, der Bote sei von Räubern festgehalten worden und habe sich erst nach einigen Tagen wieder befreien können. Als er dann endlich doch mit 14-tägiger Verspätung eintraf, waren die Trauben im Weinberg bereits überreif und von Fäulnis befallen. Man entschloss sich aus der Not heraus, diese dennoch zu ernten. Als man dann später den daraus gekelterten Wein verkostete, konnte man kaum glauben, wie herausragend er schmeckte: Er übertraf alles bisher gekannte.

Das Prinzip der Erzeugung hochfeiner Kreszenzen aus edelfaulen Trauben ist bis heute Grundlage für die berühmten Auslesen, Beerenauslesen und Trockenbeerenauslesen, die mit ihrer Konzentration von Frucht, Süße und Vitalität zu den beeindruckendsten Weinen überhaupt gezählt werden. Zur Erinnerung an diese Geschichte wurde im Gutshof rechts vom Schloss 1960 dem Spätlesereiter ein Denkmal aufgestellt.

Die Gourmettempel des Rheingaus

Der Rheingau ist gastronomisch vor allem für die deftigen Spezialitäten der Straußwirtschaften bekannt. Bei folgenden Adressen kommen jedoch auch Gourmets mit gehobenen Ansprüchen auf ihre Kosten.

RESTAURANT ENTE

Die legendäre Ente im Hotel Nassauer Hof ist eine der Kultstätten des deutschen Küchenwunders. Das berühmte Restaurant hat bis heute nichts von seiner Eleganz und zeitlosen Finesse verloren und gilt als ein moderner Klassiker der deutschen Spitzengastronomie. Die riesige Weinauswahl ist sagenhaft.

Hauptgerichte von 29 bis 34 €, Menüs von 73 bis 105 €

Geschlossen: Sonn- und Feiertag

★ Kaiser-Friedrich-Platz 3-4, 65183 Wiesbaden, Tel.: 06 11/13 36 66, E-Mail: post@nassauer-hof.de, Internet: www.nassauer-hof.de

KRONENSCHLÖSSCHEN

Das Hotel Kronenschlösschen ist eine führende Feinschmeckerdestination des Rheingaus. Patrik Kimpels Küchenstil fußt häufig auf klassischen Rezepten deutscher und französischer Küchentradition, die er in Gourmetgerichte von subtiler Leichtigkeit verwandelt. Riesige Weinkarte mit vielen Rheingauer Raritäten.

Hauptgerichte von 28 bis 38 €, Menüs von 78 bis 94 €

Geschlossen: Mo. bis Sa. mittags

★ Rheinallee, 65347 Eltville-Hattenheim, Tel.: 0 67 23/6 40, E-Mail: info@kronenschloesschen.de, Internet: www.kronenschloesschen.de

BURG SCHWARZENSTEIN

Das Gourmetrestaurant mit Blick über die Region überrascht mit einer aromaintensiven Mittelmeer-Küche, in der südfranzösische Einflüsse ebenso wiederzufinden sind wie die italienischen Wurzeln von Küchenchef Raffaele Cesare Cannizzaro.

Hauptgerichte von 32 bis 46 €, Menüs von 88 bis 109 €

Geschlossen: Mo.

★ Rosengasse 32, 65366 Geisenheim-Johannisberg, Tel.: 0 67 22/9 95 00, E-Mail: info@burg-schwarzenstein.de, www.burg-schwarzenstein.de

Die Rheinpromenade von Eltville mit den Türmen von Kirche und Burg

Eltville und Umgebung

Eltville betitelt sich gerne als Wein-, Sekt- und Rosenstadt. Die Berechtigung der letzten beiden Prädikate kann man im schönen Rosengarten rund um die Kurfürstliche Eltviller Burg sowie durch die Präsenz der Sektmarken MM und Schloss Vaux nachvollziehen. Doch auch als Weinstadt hat Eltville unbestritten Weltruf, zu dem vor allem die international berühmten Weinberge der umliegenden Teilorte Hattenheim, Erbach, Martinsthal und Rauenthal beitragen. Mit dem Marcobrunn und dem Steinberg finden sich hier zwei Rebgärten, die seit Jahrhunderten zu den besten der Welt gezählt werden und mit nicht minder renommierten benachbarten Namen wie Nussbrunnen oder Baiken ein einzigartiges Lagenportfolio bilden. Während die Böden der rheinnahen Weinberge hier auch Mergel aufweisen, werden in den höheren Lagen die Lössböden des mittleren Rheingaus wieder deutlich steiniger und sind häufig mit Phyllitschieferfragmenten durchsetzt. Die Rieslinge vereinen hier oft ausdrucksvolle Frucht mit mineralischem Spiel. Und mit dem Kloster Eberbach bietet Eltville ein absolutes Highlight für wein- wie geschichtsinteressierte Gäste.

Eltville | Der Name der mit rund 17 000 Einwohnern größten Stadt im Rheingau ist nicht etwa französischen Ursprungs, sondern geht vermutlich auf „alta villa“, die lateinische Bezeichnung für eine höher gelegene Siedlung zurück. Und tatsächlich kann der Ort auf eine beinahe ebenso lange Geschichte zurückblicken: Eine dauerhafte Besiedlung ist ab dem vierten Jahrhundert nachgewiesen, 1329 wurde mit dem Bau der Kurfürstlichen Burg begonnen, 1332 wurden Eltville dann die Stadtrechte verliehen. In den Gassen der Altstadt gibt es viele prachtvoll restaurierte Fachwerkhäuser und Adelshöfe zu bewundern, im Sommer lädt das schöne Rheinufer zum Flanieren ein.

Starke Mauern und zarte Blüten in der kurfürstlichen Burg von Eltville

MEIN LIEBLINGSLOKAL

Weinhaus Zum Krug | Bereits die Fassade des alten Hauses in der Ortsmitte von Hattenheim ist sehenswert. Dahinter verbirgt sich ein traditionelles Gasthaus im besten Sinne, in das ich immer wieder gerne einkehre. Wirt Josef Laufer ist einer der besten Weinkenner des Rheingaus und listet rund 600 Positionen auf seiner Weinkarte. Dazu gibt es leckere Klassiker wie den Sauerbraten.

➲ **Weinhaus Zum Krug**
Hauptstraße 34
65347 Eltville-Hattenheim
Tel.: 0 67 23/9 96 80
www.hotel-zum-krug.de

ESSEN & TRINKEN

➲ **Weinschänke**
Schloss Groenesteyn
Oberstraße 36
65399 Kiedrich
Tel.: 0 61 23/15 33
Urgemütliches Lokal mit ambitionierter Weinstubenküche und tollem Preis-Genuss-Verhältnis.

➲ **Die Adlerwirtschaft**
Hauptstraße 31
65347 Hattenheim
Tel.: 0 67 23/79 82
www.franzkeller.de
Das etwas „andere“ Gourmetrestaurant des ehemaligen Sternekochs Franz Keller. Berühmt: das tischweise servierte „Adleressen“ mit unzähligen kleinen Gerichten.

➲ **Burg Crass**
Freygässchen 1
(Zufahrt über Wallufer Straße)
65343 Eltville
Tel.: 0 61 23/97 51 10
www.burgcrass-eltville.de
Wunderschönes Anwesen mit herrlichem Blick direkt am Rhein. Zwei Restaurants, wahlweise mit verfeinerter ländlicher Küche oder für Gourmets.

➲ **Restaurant Weinpump**
Rheingauer Straße 3
65343 Eltville
Tel.: 0 61 23/79 54 49
Feine, klare Küche und tolle Qualität zu überaus angemessenen Preisen. Romantischer Sommergarten im schönen Innenhof.

ÜBERNACHTEN

➲ **Hof-Hotel Bechtermünz**
Kirchgasse 5
65343 Eltville
Tel.: 0 61 23/24 37
www.weingut-koegler.de
Schönes neues Hotel in einer historischen Scheune des Weinguts Koegler. Alter Naturstein stimmig verbunden mit modernen Design-Elementen.

➲ **Gästehaus Herrlichkeit**
Erbacher Straße 26

65346 Erbach
Tel.: 0 61 23/60 19 30
www.knyphausen.de
Sieben individuelle Gästezimmer auf dem Anwesen des Barons zu Knyphausen. Herrlicher Blick auf die Weinberge.

➲ **Hotel Tillmanns**
Hauptstraße 2
65346 Eltville-Erbach
Tel.: 0 61 23/9 23 30
www.hotel-tillmanns.de
Stattliches Anwesen im Stil eines französischen Landhauses mit parkähnlichem Garten. Traumhafter Frühstückssaal.

DIE KURFÜRSTLICHE BURG

Das Wahrzeichen Eltvilles diente einst den Mainzer Erzbischöfe und Kurfürsten als Residenz. 1332 wurde unter Balduin von Trier mit dem Bau eines Rundturms begonnen, sein Nachfolger vollendete die Burg. Im Dreißigjährigen Krieg von den Schweden bis auf den Wohnturm in Schutt und Asche gelegt, blieb die Festung bis auf den im 17. Jh. wieder aufgebauten Ostflügel Ruine. Im Turm befinden sich die Grafenkammer, eine Gutenberg-Gedenkstätte – Eltville gehörte zu den ersten Druckstätten der Welt – und die Domherrenkammer mit einer Sammlung mit Dokumenten zur Geschichte von Eltville. Von der Wehrplatte aus hat man einen herrlichen Ausblick auf die Altstadt und den Rhein. Geöffnet von April bis Oktober.
www.eltville.de

EINKAUFEN

➲ **Eltviller Vinothek**
Rheingauer Straße 38
65343 Eltville
Tel.: 0 61 23/60 17 80
www.eltviller-vinothek.de
Die in der Altstadt gelegene Vinothek ist ein Zusammenschluss von 20 Weingütern aus Eltville und Umgebung.

ENTDECKEN

➲ **Hattenheim**
Wunderschöne Fachwerkhäuser rund um den Marktplatz. Sehenswert auch die Kirche St. Vincentius und die Burg.

➲ **Kiedrich**
Häufig als „Schatzkästlein der Gotik" bezeichnet ist der oberhalb des Rheins gelegene Weinort vor allem bekannt für die St.-Valentinus-Kirche aus dem 14. Jh. und die Burgruine Scharfenstein.

BEWEGEN

➲ **Wandern rund um Kiedrich**
Zehn ausführliche Tourenvorschläge mit Wanderkarte unter:
www.kiedrich.de

ELTVILLE

HESSISCHE STAATS-WEINGÜTER KLOSTER EBERBACH

Das Hessische Staatsweingut ist mit seinen Domainen das größte Weingut Deutschlands und verfügt über rund 200 Hektar Rebfläche, die zum großen Teil die berühmtesten Lagen des Rheingaus und der Hessischen Bergstraße umfassen. Das Zentrum dieses Unternehmens ist aus betrieblicher Sicht die Staatsweinkellerei in Eltville, historisch betrachtet jedoch das unweit davon gelegene Kloster Eberbach. Herzstück des Lagenportfolios ist ohne Frage der weltberühmte Steinberg, der von den Zisterzienser-Mönchen des Klosters im 12. Jahrhundert angelegt wurde. Die ehemalige Kelterhalle mit ihrem beeindruckenden Jugendstil-Gewölbe in Eltville ist heute die Heimat der weitläufigen Vinothek der Staatsweingüter. Hier kann man fast das gesamte Programm verkosten, darunter auch Weine der Domainen Assmannshausen und Bergstraße. Besucher des Klosters können jedoch auch in der dortigen Vinothek viele Weine aus dem Sortiment probieren und erwerben.

MEIN TIPP

Beachten sie die alte Holzpresse in der Eltviller Vinothek. Diese stammt aus dem 18. Jahrhundert und wurde von den Mönchen des Klosters Eberbach gebaut.

31 HESSISCHE STAATSWEINGÜTER KLOSTER EBERBACH
Schwalbacher Straße 56–62
65343 Eltville
Tel.: 0 61 23/9 23 00
Fax: 0 67 23/92 30 90
E-Mail: info@weingut-kloster-eberbach.de
Internet: www.weingut-kloster-eberbach.de

Preisniveau: gehoben
Anmeldung: nicht erforderlich
Öffnungszeiten: Mo. bis Fr. 10–18 Uhr, Sa. 10–16 Uhr

32 WEINGUT FREIHERR LANWERTH VON SIMMERN
Kirchgasse 6
65343 Eltville
Tel.: 0 61 23/9 21 10
Fax: 0 67 23/92 11 33
E-Mail: weingut@langwerth-von-simmern.de
Internet: www.weingut-langwerth-von-simmern.de

Preisniveau: gehoben bis Luxus
Anmeldung: nicht erforderlich
Öffnungszeiten: Mo. bis Fr. 9–12 und 13–17 Uhr, Sa. 10–17 Uhr

ELTVILLE

WEINGUT FREIHERR LANGWERTH VON SIMMERN

Die Großzügigkeit und das noble Flair des Weinguts Langwerth von Simmern überraschen viele Besucher, die zum ersten Mal aus der engen Gasse in der verwinkelten Altstadt von Eltville in diesen Hof einfahren. Von Efeu umrankt erscheint das alte Gutshaus wie ein kleines Märchenschloss. Ein wahres Kleinod verbirgt sich dann auch im Inneren dieses Gebäudes. Das mit antiken weiß-blauen Kacheln ausgestattete so genannte Delfter Zimmer dürfte wohl der schönste Verkostungsraum des Rheingaus sein und ist allein schon eine Reise wert. Bemerkenswert sind auch die uralten Tische mit den Nummern, die früher zur Zuordnung der Fassproben genutzt wurden. An Samstagen wird man jedoch zur Verkostung in der ebenfalls sehenswerten „Vinotheca" im gegenüberliegenden Gebäude empfangen. Hier kann man auch allerlei Kunsthandwerk und interessante Wohn-Accessoires erstehen.

MEIN TIPP

Liebhaber von Reh- oder Hirschfleisch sollten bei ihrem Besuch während der Wildsaison unbedingt nachfragen, ob das Jagdglück dem Hausherrn (und der Dame!) hold war. Die Familie hat eine eigene Jagd im nahen Taunus und verkauft gerne das eine oder andere Stück an die Weinkundschaft.

33 WEINGUT J. KOEGLER
Kirchgasse 5
65343 Eltville
Tel.: 0 61 23/24 37
Fax: 0 61 23/8 11 18
E-Mail: info@weingut-koegler.de
Internet: www.weingut-koegler.de

Preisniveau: bürgerlich bis gehoben
Anmeldung: nicht erforderlich
Öffnungszeiten: Mo. bis So. 9–21.30 Uhr

ELTVILLE

WEINGUT J. KOEGLER

In den Bechtermünzer Hof der Familie Koegler wurde in den vergangenen Jahren kräftig investiert und mit dem Zusammenspiel von Weingut, Restaurant und Hotel ein Schmuckstück für Weinreisende in der Region geschaffen. Die neu eingerichtete, sehr elegante Vinothek, in der altes Mauerwerk gekonnt mit modernen Design-Elementen verbunden wurde, lädt mit durchgehenden Öffnungszeiten und dem guten Ruf der Weine des Hauses geradezu ein. Das ganze Anwesen des historischen Patrizierhofs ist bereits fast 600 Jahren alt und wurde vor allem dadurch berühmt, dass Johannes Gutenberg hier im Jahre 1467 eine der bedeutendsten frühen Druckwerkstätten errichtete. Die Brüder Heinrich und Nikolaus Bechtermünz fertigten hier unter seiner Anleitung mit dem „Vocabularium ex Quo“ eines der ersten gedruckten Wörterbücher der Welt. Um dieses Datum in Erinnerung zu halten, trägt auch ein Riesling des Gutes die Zahl 1467 auf dem Etikett.

MEIN TIPP

Das Weingut Koegler hat als Einziges im Rheingau auch die österreichische Sorte Grüner Veltliner im Anbau und erzeugt hieraus einen durchaus ernst zu nehmenden, überaus probierenswerten Tropfen.

ERBACH

WEINGUT BARON KNYPHAUSEN

Das sehenswerte Knyphausen'sche Gut befindet sich im Draiser Hof am Ortausgang von Erbach in Richtung Eltville. Schon 1141 wurde dieses Hofgut von den Zisterziensern des Klosters Eberbach als Dependance zur Bewirtschaftung der hier gelegenen Weinberge und Ackerflächen errichtet. Im Zuge der Säkularisation wurde das Gut dann Anfang des 19. Jahrhunderts von der ursprünglich aus Ostfriesland stammenden Familie der Freiherren zu Knyphausen erworben. Der Draiser Hof umfasst heute nicht nur die Kellerei und das Wohnhaus des jetzigen Besitzers Gerko Freiherr zu Knyphausen, sondern auch ein empfehlenswertes Gästehaus und den von seiner Frau Rena betriebenen Hofladen. Hier kann man nicht nur die Weine des Guts kaufen, sondern auch vielfältiges Kunsthandwerk erwerben von Töpferware über provençalische Tischdecken bis hin zu Taschen, Körben und Gläsern sowie kulinarische Delikatessen wie Pesto, Öle und Honig.

MEIN TIPP

Beachten Sie das so genannte „Wein-Totem" vor dem Gutshaus. Diese vom bekannten Künstler Vollrad Kutscher geschaffene Holzsäule zeigt in zwölf Szenen die Arbeiten des Winzers während eines Jahres.

34 WEINGUT BARON KNYPHAUSEN
Draiser Hof
Erbacher Straße 28
65346 Eltville-Erbach
Tel.: 0 61 23/6 21 77
Fax: 0 61 23/43 15
E-Mail: weingut@knyphausen.de
Internet: www.knyphausen.de

Preisniveau: gehoben
Anmeldung: nicht erforderlich
Öffnungszeiten: Mo. bis Sa. 9–18 Uhr, So. 11–17 Uhr

ERBACH

WEINGUT HEINZ NIKOLAI

Die neu eingerichtete Vinothek im Hof des Weinguts von Heinz Nikolai (Einfahrt über Franseckystraße) präsentiert sich stilvoll-modern mit hellem Holz und einer originellen, von allen Seiten zugänglichen Verkostungstheke, an der üblicherweise Frau Helga Nikolai die Kunden und Besucher durchs Weinprogramm führt. Für den Weinausbau im Keller zeigt sich mit Sohn Frank jedoch bereits die nächste Generation verantwortlich, und er trägt diese Verantwortung mit großem Erfolg. Die Riesling Spätlese „Primus Maximus", eine Assemblage der besten Trauben aus den Lagen Erbacher Michelmark und Steinmorgen, vereint regelmäßig gehobene Klasse mit bürgerlicher Preisgestaltung: Für nur 7,50 Euro bietet dieser Wein stets großes Niveau. Doch auch beim Spätburgunder kann man hier einige gute Weine mit verlockendem Preis-Genuss-Verhältnis finden.

MEIN TIPP

Im Weingut Nikolai kann man eine der ausgefallensten Weinspezialitäten erwerben, einen Riesling Eiswein-Sekt. Diesen geradezu königlichen Genuss gibt es nur in 0,375-Liter-Flaschen und man kann ihn perfekt zu süßen Obstdesserts oder als luxuriösen Aperitif einsetzen.

35 WEINGUT HEINZ NIKOLAI
Ringstraße 16
65346 Eltville–Erbach
Tel.: 0 61 23/6 27 08
Fax: 0 61 23/8 16 19
E-Mail: heinz.nikolai@rheingauerwein.de
Internet: www.heinznikolai.de

Preisniveau: bürgerlich
Anmeldung: empfehlenswert
Öffnungszeiten: Mo. bis Sa. 9–20 Uhr, So. 10–14 Uhr

36 WEINGUT SCHLOSS REINHARTSHAUSEN
Hauptstraße 41
65346 Eltville-Erbach
Tel.: 0 61 23/67 63 33
Fax: 0 61 23/42 22
E-Mail: service@schloss-reinhartshausen.de
Internet: www.schloss-reinhartshausen.de

Preisniveau: gehoben bis Luxus
Anmeldung: nicht erforderlich
Öffnungszeiten: Mo. bis Fr. 9–18 Uhr, Sa. und So. 10–18 Uhr

ERBACH

WEINGUT SCHLOSS REINHARTSHAUSEN

Das noble, nur durch Park und Uferstraße vom Rhein getrennte Schloss Reinhartshausen beherbergt nicht nur ein Luxushotel, sondern auch das größte privat geführte Weingut des Anbaugebiets. Das Gebäude selbst wurde Anfang des 19. Jahrhunderts durch die Grafen von Westfalen erbaut. Eine besondere Blüte erlebte es dann ab 1855, als Prinzessin Marianne von Preußen den Besitz übernahm. Neben dem Hotel ist heute eine schöne Vinothek eingerichtet, in der man nicht nur die Weine des Schlosses verkosten und erwerben kann, sondern auch viele andere nützliche oder köstliche Accessoires und Mitbringsel bis hin zu edlen Obstbränden der renommierten Brennerei Ziegler.

Bei den Weinen stehen vor allem die bekannten rheinnahen Lagen des unmittelbaren Umkreises im Vordergrund, allen voran der weltberühmte Erbacher Marcobrunn, der unweit vom Schloss beginnt und dann in die ebenso geachteten Hattenheimer Lagen Wisselbrunnen und Nussbrunnen überleitet.

MEIN TIPP

Das Weingut verfügt auch über Weinberge auf der Rheininsel Marianneaue gegenüber dem Schloss. Hier wächst aufgrund des wärmeren Klimas nicht Riesling, sondern ebenso Weißburgunder und Chardonnay.

37 **WEINGUT JAKOB JUNG**
Eberbacherstraße 22
65346 Eltville–Erbach
Tel.: 0 61 23/90 06 20
Fax: 0 61 23/90 06 21
E-Mail: info@weingut-jakob-jung.de
Internet: www.weingut-jakob-jung.de

Preisniveau: bürgerlich bis gehoben
Anmeldung: nicht erforderlich
Öffnungszeiten: Mo. bis Fr. 14.30–19 Uhr, Sa. 10–17 Uhr

ERBACH

WEINGUT JAKOB JUNG

Das Weingut von Ludwig Jung ist ein seit vielen Jahren überaus angesehener Betrieb. Auffällig ist hierbei insbesondere seine Vielseitigkeit: Sowohl im Bereich der trockenen Rieslinge als auch bei den frucht- und edelsüßen Weinen kann das Erbacher Gut ebenso glänzen wie bei den Spätburgundern bis hin zu Weißburgunder und Chardonnay. Interessant ist auch die Familiengeschichte der Jungs. Seit 1799 ist das Weingut in Familienbesitz. Nach dem frühen Tod des Vaters stieg der heutige Besitzer Ludwig Jung als 18-Jähriger in den Betrieb ein. Sein Bruder Franz Josef Jung hingegen wurde Rechtsanwalt und machte eine bemerkenswerte Karriere in der Politik. Im November 2005 wurde er als Verteidigungsminister der Bundesrepublik Deutschland vereidigt. Zur Verkostung wird man bei den Jungs üblicherweise von der ins Rheingau „ausgewanderten" Schwäbin Irena Vratil empfangen, die die Kunden mit viel Witz, Freude und Sachkunde durch die Probe leitet.

MEIN TIPP

Nach der Probe lohnt ein Blick in den alten Felsenkeller des Gutes. Dieser wurde aufgrund seiner Stabilität im Zweiten Weltkrieg als Luftschutzbunker für die Gemeinde Erbach genutzt.

ERBACH

WEINGUT LAMM-JUNG

Andreas Jung ist nicht nur einer der sympathischsten Nachwuchswinzer im Rheingau, er darf für sich auch in Anspruch nehmen, zurzeit einer der großen Geheimtipps in Erbach zu sein. Hier finden sich einige wirklich leckere Weine zu Preisen, die angesichts des sonst in der Region üblichen Niveaus überraschend günstig ausfallen. Bereits sehr früh musste er nach seiner Ausbildung bei Robert Weil das elterliche Weingut übernehmen und führt es nun schon seit 1996 gemeinsam mit seiner Mutter erfolgreich weiter. Die Kategorie „junger Wilder" wäre hier aber völlig unpassend. Ganz im Gegenteil: Andreas Jung ist eine eher „leise" Persönlichkeit von freundlichem, unaufdringlichem Charme. Deshalb ist die Weinprobe mit ihm (er empfängt die Gäste des Gutes in der Regel selbst) stets auch eine Angelegenheit für feinsinnige Kenner, für die nicht das „Drumherum" im Mittelpunkt steht, sondern die das Produkt sprechen lassen möchten.

MEIN TIPP

Neben den Rieslingen finde ich hier den im Rheingau eher unüblichen Gewürztraminer sehr bemerkenswert. Er vereint die typische Sortenfrucht mit rheinischer Eleganz und Rasse. Delikat zu Ziegenkäse!

38 WEINGUT LAMM-JUNG
Eberbacher Straße 50
65346 Eltville–Erbach
Tel.: 0 61 23/6 21 48
Fax: 0 61 23/6 18 92
E-Mail: info@wein-rheingau.de
Internet: www.lamm-jung.de

Preisniveau: günstig bis bürgerlich
Anmeldung: nicht erforderlich
Öffnungszeiten: Mo. bis Fr. 10–18 Uhr, Sa. 10–17 Uhr

ERBACH

WEINGUT DETLEV RITTER UND EDLER VON OETINGER

Vom zunächst vielleicht etwas Ehrfurcht gebietenden alten Namenstitel „Ritter und Edler" sollte man sich keinesfalls abschrecken lassen: Achim von Oetinger ist ein äußerst sympathischer Winzer und Gastronom, dessen Gutsausschank an der Rheinallee zu den beliebtesten des Rheingaus zählt. Rund 60 Prozent der eigenen Weinerzeugung werden hier von den Gästen direkt vor Ort mit großer Freude konsumiert. Wer Weine für zu Hause kaufen möchte, der kann mit Achim von Oetinger während der Öffnungszeiten des Gutsausschanks jedoch auch gerne das gesamte Sortiment durchprobieren. Für die nächsten Jahre ist hierzu auch die Einrichtung einer Vinothek geplant. Wichtig ist dabei aber, dass man beim richtigen Oetinger einkehrt, da es in Erbach zwei Güter dieses Namens gibt. Der benachbarte „alte Oetinger" verfügt zwar über einen stattlichen Gutshof, wer aber die guten Weine von Achim Oetinger probieren will, der muss ein paar Meter weiter auf den Zusatz „beim jungen Oetinger" achten.

MEIN TIPP

Im Gutsausschank des „jungen Oetingers" mit seiner einladen den Terrasse gibt es die für mich leckersten Flammkuchen des Rheingaus.

39 WEINGUT DETLEV RITTER UND EDLER VON OETINGER
Rheinallee 1–3
65346 Eltville-Erbach
Tel.: 0 61 23/6 25 28
Fax: 0 61 23/6 26 91
E-Mail: von.oetinger@t-online.de

Preisniveau: bürgerlich
Anmeldung: nicht erforderlich
Öffnungszeiten: Mi. bis Mo. 15–22 Uhr, Sa./So. 11–22 Uhr

40 WEINGUT HANS LANG
Rheinallee 6
65347 Eltville–Hattenheim
Tel.: 0 67 23/24 75
Fax: 0 67 23/79 63
E-Mail: langwein@t-online.de
Internet: www.weingut-hans-lang.de

Preisniveau: bürgerlich bis gehoben
Anmeldung: nicht erforderlich
Öffnungszeiten: : Mo. bis Fr. 8–12 und 13–17 Uhr, Sa. 9–13 Uhr

HATTENHEIM

WEINGUT HANS LANG

Johann Maximilian Lang nutzt seinen noblen Vornamen vor allem zur Kennzeichnung seiner lagenlosen Topweine aus Riesling und Spätburgunder, für sich selbst begnügt er sich mit dem schlichten Hans, so wie ihn auch alle Freunde und Kunden nennen. Dieser bescheidenere Name passt auch viel besser zum freundlichen, angenehmen Wesen des Hattenheimer Winzers, der heute mit seiner Frau Gabriele und Tochter Stefanie das 1953 vom Vater gegründete Weingut führt. Besonders bemerkenswert ist, dass Hans Lang auch einer der Pioniere des Barrique-Ausbaus im Rheingau war. Neben den stets hochwertigen trockenen Rieslingen und edelsüßen Spezialitäten gelten seine im kleinen Holzfass ausgebauten Weiß- und Rotweine der Burgundersorten als begehrte Erzeugnisse dieses internationalen Stils. Interessant ist auch, dass hier nach wie vor der Silvaner als täglicher Schoppenwein gepflegt wird.

MEIN TIPP

Seit 2004 baut Hans Lang den Chardonnay nur noch zu rund einem Drittel im kleinen Fass aus. Die Frische des Ausbaus im Stahltank wird somit nur leicht von der Barrique-Note „geküsst" – für mich ein überaus probierenswerter neuer Stil.

41 **DOMAINENWEINGUT SCHLOSS SCHÖNBORN**
Hauptstraße 53
65347 Eltville–Hattenheim
Tel.: 0 67 23/9 18 10
Fax: 0 67 23/91 81 91
E-Mail: schloss-schoenborn@schoenborn.de
Internet: www.schoenborn.de

Preisniveau: bürgerlich bis Luxus
Anmeldung: nicht erforderlich
Öffnungszeiten: Mo. bis Fr. 8–16.30 Uhr

HATTENHEIM

DOMAINENWEINGUT SCHLOSS SCHÖNBORN

Schon seit 1349 ist der Weinbau der Familie von Schönborn im Rheingau urkundlich erwähnt. Heute umfasst der Besitz ein überragendes Portfolio der besten Lagen des Anbaugebiets, wobei der berühmte Erbacher Marcobrunn als der Primus inter Pares geführt wird. Nach Anmeldung im Büro im ersten Stock wird man hier in die Probierstube geführt und kann die Weinklassiker des Hauses verkosten, die trotz der jahrhundertealten Tradition erstaunlich modern in Bezeichnung und Aufmachung präsentiert werden. Die Gewächse der rund 50 Hektar Rebfläche werden in „Youngsters", also unkomplizierte, fruchtbetonte Weine für jeden Tag, „Charakterweine", also solche aus den bekannten Lagen, und schließlich „Weinpersönlichkeiten" gegliedert, worunter man die „Ersten Gewächse" und die mit drei Sternen ausgezeichneten Premiumweine zusammenfasst.

MEIN TIPP

Wer das Weingut des Grafen von Schönborn besuchen möchte, der sollte nicht dem Irrtum verfallen, in Hattenheim ein Schloss dieses Namens zu suchen. Der Weinbaubetrieb residiert hier zwar in einem alten Gutshaus, das eigentliche Schloss Schönborn findet man jedoch in Geisenheim (siehe Bild)!

HATTENHEIM

WEIN- UND SEKTGUT BARTH

Im Familienweingut von Marion und Norbert Barth kann man auf einige interessante Spezialitäten stoßen, die sich vom sonst in der Region Üblichen abheben. So muss hier neben den Rieslingen und Spätburgundern an erster Stelle die eigene Sektproduktion genannt werden, für die sich das Hattenheimer Gut ein großes Renommee erarbeitet hat. Allen voran gilt hier der weißgekelterte Spätburgunder-Sekt „Pinot Extra Brut Ultra" regelmäßig als einer der feinsten Schaumweine des Anbaugebiets. Etwas ausgefallener ist hingegen der im Barrique gereifte Riesling „Singularis" und der elegante Cabernet Sauvignon, der wohl der einzige ernst zu nehmende Wein dieser Sorte im Rheingau sein dürfte. Abgerundet wird das Angebot durch bemerkenswerte Tresterbrände und einen eigenen Rotweinessig.

MEIN TIPP

Das Gut bietet seinen Kunden die Möglichkeit, in der Lage Hattenheimer Schützenhaus auf fünf oder zehn Jahre einen Rebstock zu pachten (für 43 bzw. 70 Euro). Dafür erhält man eine Besitzurkunde und jedes Jahr eine Flasche aus der Ernte dieses Weinbergs. Ein originelles Geschenk für Weinfreunde!

42 WEIN- UND SEKTGUT BARTH
Bergweg 20
65347 Eltville-Hattenheim
Tel.: 0 67 23/25 14
Fax: 0 67 23/43 75
E-Mail: info@weingut-barth.de
Internet: www.weingut-barth.de

Preisniveau: bürgerlich bis gehoben
Anmeldung: nicht erforderlich
Öffnungszeiten: Mo. bis Fr. 14–18 Uhr, Sa. 10–17 Uhr

HATTENHEIM

WEINGUT BALTHASAR RESS

Die alteingesessene Winzerfamilie Ress konnte in den 90er-Jahren das Gebäude der ehemaligen Hattenheimer Genossenschaft übernehmen und das Weingut vom historischen Stammsitz in der Ortsmitte hierher verlegen. Das von der Bundesstraße leicht zu sehende Gebäude beherbergt jedoch nicht nur die Kellerei (die man auf Wunsch auch gerne besichtigen kann), sondern auch eine mit Ledersesseln ausgestattete Vinothek. Besonders interessant ist hier die Verkostung der Weine aus dem im Alleinbesitz befindlichen Weinberg des Schlosses Reichartshausen. Diese Anlage war bis Anfang des 19. Jahrhunderts ein bedeutender Außenhof des Klosters Eberbach und ist heute der Sitz der renommierten *European Business School.* Die Weine des dortigen Rebgarten tragen keine Ortsbezeichnung, sondern werden einheitlich nur mit Schloss Reichartshausen benannt. Hier wachsen sehr rassige Rieslinge mit markantem Säurespiel.

MEIN TIPP

Das Weingut Ress ist Mitglied des internationalen Vertriebsverbunds Diva. Daher kann man hier nicht nur die eigenen Rheingauer Weine kaufen, sondern zum Beispiel auch ausgewählte hochwertige Bordeaux.

43 WEINGUT BALTHASAR RESS
Rheinallee 7
65347 Eltville–Hattenheim
Tel.: 0 67 23/9 19 50
Fax: 0 67 23/91 95 91
E-Mail: weingut@ress-wine.com
Internet: www.balthasar-ress.de

Preisniveau: gehoben bis Luxus
Anmeldung: nicht erforderlich
Öffnungszeiten: Mo. bis Fr. 8–18 Uhr, Sa. 12–17 Uhr

44 WEINGUT GEORG-MÜLLER-STIFTUNG
Eberbacher Straße 7-9
65347 Eltville–Hattenheim
Tel.: 0 67 23/20 20
Fax: 0 67 23/20 35
E-Mail: info@georg-mueller-stiftung.de
Internet: www.georg-mueller-stiftung.de

Preisniveau: bürgerlich
Anmeldung: nicht erforderlich
Öffnungszeiten: Mo. bis Fr. 9 12 und 14 17 Uhr

HATTENHEIM

WEINGUT GEORG-MÜLLER-STIFTUNG

Im altehrwürdigen Keller der Georg-Müller-Stiftung erlebt man zurzeit die Renaissance eines einstmals großen Namens. Urheber dieser dornröschenhaften Erweckung ist der Unternehmer, Weinsammler und vor allem passionierte Weinliebhaber Peter Winter, der das Gut gekauft und viel in Keller und repräsentative Neubauten investiert hat. Der Namensgeber des Guts, Georg Müller, war ein Teilhaber der Eltviller Sektkellerei Matheus Müller, von der die heute noch bekannte Sektmarke „MM Extra" stammt. Müller stiftete im Jahr 1913 sein Weingut der Gemeinde Hattenheim. Als Weingut der Stadt Eltville wurde es dann 2003 privatisiert und von Peter Winter übernommen, der zuvor Vorstandsvorsitzender einer der zehn größten Weinfirmen der Welt war.

MEIN TIPP

Peter Winter ist nicht nur ein großer Weinliebhaber, sondern auch Kunstkenner. Deshalb wurden die alten Kellergewölbe nun mit Arbeiten renommierter zeitgenössischer Künstler geschmückt, die teilweise eigens für diese Räumlichkeiten geschaffen wurden. Der Rundgang durch den Keller, zu der das Weingut gerne einlädt, ist ein absolutes „Muss" für jeden Besucher, der ebenso wein- wie kunstsinnig ist.

45 DIEFENHARDT'SCHES WEINGUT
Hauptstraße 9-11
65344 Eltville–Martinsthal
Tel.: 0 61 23/7 14 90
Fax: 0 61 23/7 48 41
E-Mail: weingut@diefenhardt.de
Internet: www.diefenhardt.de

Preisniveau: bürgerlich bis gehoben
Anmeldung: nicht erforderlich
Öffnungszeiten: Mo. bis Fr. 9–12 und 14–18 Uhr, Sa. 10–17 Uhr

MARTINSTHAL

DIEFENHARDT'SCHES WEINGUT

Von Wiesbaden kommend sind die Weinberge von Martinsthal die ersten Rebgärten, die den Besucher des Rheingaus grüßen. Beinahe im Alleingang hält Peter Seyffardt, dessen Schwester Ulrike Neradt als TV-Moderatorin bekannt ist, die Fahne dieses Weinortes hoch. In seiner hübschen Vinothek betreut der Winzer seine Gäste selbst und erläutert gerne die unterschiedlichen Lagen des Orts, allen voran den Langenberg und die etwas kuriose Wildsau, deren Namen keinesfalls auf das Schwarzwild, sondern vielmehr auf „des Wildes Au", also ein waldnahes Flurstück mit Wildwechsel zurückzuführen ist. Das Weingut gehörte früher den Baronen von Reichenau und befindet sich nun seit 1917 in Familienbesitz. Angeschlossen ist ein empfehlenswerter Gutsausschank mit dem Ambiente einer historischen Rheingauer Gastwirtschaft.

MEIN TIPP

Der durch seine Rheingauer Comics um den Helden Karl bekannt gewordene Michael Apitz ist ein Freund des Hauses. Dass er nicht nur ein großartiger Zeichner, sondern auch Maler ist, kann man an dem in der Vinothek hängenden Bild mit seiner Interpretation des Assmannshäuser Höllenbergs aus dem Zyklus „Geschmackssache" ersehen.

WALLUF

WEINGUT J. B. BECKER

Bei einem Besuch im Weingut der Geschwister Becker hat man das wohltuende Gefühl, dass hier die Uhren langsamer laufen. Im alten, wohnzimmerartigen Empfangszimmer, in das man im Gutshaus zur Verkostung gebeten wird, scheint die Zeit sogar stehen geblieben zu sein. Vergilbte Fotos und Urkunden an den Wänden erzählen ebenso wie die alten Möbel von den vielen Jahrzehnten, in denen das Weingut bereits eine wichtige Rolle in der Region spielt. Gleichermaßen sind auch die Weine aus dem Keller von Hans-Josef Becker auf wundersame Weise „entschleunigt". Es sind Gewächse im traditionellen Rheingauer Stil mit hohem Lagerpotenzial, die oft erst nach zwei bis drei Jahren ihr wahres Gesicht zeigen. Deshalb ist es sehr erfreulich, dass man hier nicht nur die jungen Weine kaufen kann, sondern auch viele bereits länger gereifte Flaschen in der Preisliste findet.

MEIN TIPP

Hans-Josef Becker mag ein Traditionalist sein, aber das schließt keineswegs aus, dass er nicht hin und wieder auch zur Avantgarde seiner Zunft zählt. So war dies weltweit das erste Weingut, in dem der „Vino-Lok" genannte Glasstopfen als Flaschenverschluss zum Einsatz kam.

46 WEINGUT J. B. BECKER
Rheinstraße 6
65396 Walluf
Tel.: 0 61 23/7 25 23
Fax: 0 61 23/7 53 35
E-Mail: h.j.becker@justmail.de

Preisniveau: gehoben
Anmeldung: erforderlich
Öffnungszeiten: Mo. bis Fr. 9–12 und 14–17 Uhr

KIEDRICH

WEINGUT ROBERT WEIL

Das Weingut Robert Weil ist der unbestrittene Superstar im Rheingau. Das gesamte Anwesen scheint die distinguierte Noblesse der Weine widerzuspiegeln. 1875 gegründet stieg das Weingut schnell in die Riege der feinsten Produzenten auf und erlangte mit der spektakulären Qualität einer 1893er Riesling Auslese, die an viele europäische Königshäuser geliefert wurde, sogar Weltruf. Noch heute sind es die edelsüßen Spezialitäten, die diesen Betrieb regelmäßig in die Schlagzeilen bringen: Die Eisweine und Trockenbeerenauslesen können zu den teuersten Weinen der Welt zählen. Doch auch die trockenen und fruchtigen Rieslinge dieses Guts sind berühmt und verfügen über eine fast an die Mosel verweisende Finesse und Duftigkeit. An das mit einem kleinen Park im englischen Landhaustil erbaute Gutshaus ist eine modern eingerichtete, großzügige Vinothek für Kunden und Besucher angegliedert.

MEIN TIPP

Dem Erbauer des Gutshauses, Sir John Sutton, ist es mit zu verdanken, dass man in der Kiedricher Kirche die älteste noch spielbare Orgel Deutschlands bewundern kann. Er wendete 1857 über 6000 Gulden auf, um das um 1500 gebaute Instrument zu restaurieren.

47 WEINGUT ROBERT WEIL
Mühlberg 5
65399 Kiedrich
Tel.: 0 61 23/23 08
Fax: 0 61 23/15 46
E-Mail: info@weingut-robert-weil.com
Internet: www.weingut-robert-weil.com

Preisniveau: gehoben bis Luxus
Anmeldung: nicht erforderlich
Öffnungszeiten: Mo. bis Fr. 8–17.30 Uhr, Sa. 10–16 Uhr, So 11–17 Uhr

48 WEINGUT SPEICHER-SCHUTH
Suttonstraße 23
65399 Kiedrich
Tel.: 0 61 23/8 14 21
Fax: 0 61 23/6 16 15
E-Mail: info@weingut-speicher-schuth.de
Internet: www.weingut-speicher-schuth.de

Preisniveau: bürgerlich bis gehoben
Anmeldung: empfehlenswert
Öffnungszeiten: nach Vereinbarung

KIEDRICH

WEINGUT SPEICHER-SCHUTH

Das Familienweingut von Ralf Schuth hat sich im Schatten des weltberühmten Nachbarn Robert Weil immer mehr zu einer sehr guten und deutlich günstigeren Alternative in Kiedrich entwickelt. Gäbe es hier nicht die feinen Rieslinge und würzigen Spätburgunder, alleine der Blick von der Terrasse des neu gestalteten Verkostungs- und Bewirtungsraums im Obergeschoss des Weinguts auf die berühmten Lagen Gräfenberg und Wasseros wäre eine Reise wert. Höchst interessant ist es dann aber auch, die Gewächse dieser Lagen nebeneinander im Glase zu haben. Die beiden Weine der „Terroir"-Linie werden gleichartig ausgebaut und lassen daher die Lagenindividualität gut erkennen. Zur Verkostung wird man üblicherweise von Schuths aus Ungarn stammender, überaus charmanter Frau empfangen. Zum Betrieb gehört auch ein beliebter Gutsausschank.

MEIN TIPP

Vom Weingut aus kann man einen schönen Spaziergang durch die Rebgärten hinauf zur Burgruine Scharfenstein unternehmen. Dabei passiert man auch den so genannten „Weinberg der Ehe". Jedes Paar, das in Kiedrich heiratet – egal ob Einheimische oder Auswärtige – bekommt hier von der Gemeinde einen Rebstock gestiftet.

Kloster Eberbach – in den Weinbergen des Herrn

Die ehemalige Zisterzienserabtei Kloster Eberbach gehört zu den schönsten Klosteranlagen Europas. Im Jahr 1136 von Bernhard de Clairvaux gegründet, erlebte sie ihre Blütezeit bereits im 12. und 13. Jahrhundert. Damals beteten und arbeiteten hier rund 150 Mönche und mindestens die doppelte Anzahl an Laienbrüdern. Der Zisterzienserorden war geprägt von strenger Askese und der engen Verbindung von geistlichem Leben und praktischer Arbeit – insbesondere in der Landwirtschaft. So auch in Eberbach, zu dessen Haupteinnahmequelle schon bald die Erlöse aus den hervorragenden Weinbergen zählten. Der Reichtum der Ordensmänner spiegelt sich in den zahlreichen Umbauten und Erweiterungen wider, die das Kloster im Laufe seiner Geschichte erfuhr: Von der schlichten Architektur der Romanik in der Basilika und im Laiendormitorium über die Gotik im Mönchsdormitorium und im Kapitelsaal bis hin zum prächtigen Barockstil im Mönchsrefektorium und im Pfortenbau finden sich hier Gebäude vieler Kunstepochen. Und trotz Plünderungen während des Dreißigjährigen Krieges blieb das Ensemble glücklicherweise von größeren Zerstörungen verschont. Dies ist sicherlich auch der Grund, weshalb es für die Innenaufnahmen bei der Verfilmung von Umberto Ecos Roman „Der Name der Rose“ ausgewählt wurde. Heute ist das Kloster im Besitz einer gemeinnützigen Stiftung, die es durch spezielle Führungen und Weinproben versteht, auch Weinliebhabern die große Tradition des Ortes fesselnd zu erklären.

Das Rheingau Musik Festival

Für Klassikfreunde ist es längst eine feste Größe – das Rheingau Musik Festival. Entstanden aus einer privaten Initiative, zählt das Musikfest mit rund 120 000 Besuchern heute zu den führenden Musikfestivals Europas. Jahr für Jahr verwandeln weltbekannte Solisten und Orchester die Region zwischen Frankfurt, Wiesbaden und Lorch in eine Konzertbühne mit einzigartigem Flair. Zu den knapp 40 Veranstaltungsorten gehören auch zahlreiche touristische Höhepunkte des Rheingaus wie Kloster Eberbach, Schloss Johannisberg und Schloss Vollrads (siehe Bild). Selbst zwei Rheinschiffe und mehrere renommierte Weingüter dienen als Auftrittsorte für einige der rund 140 Konzerte. Geleitet wird das Festival von Michael Hermann, der – begeistert von der Akustik der Basilika im Kloster Eberbach – zusammen mit anderen Musikfreunden 1987 dort zwei Konzerte veranstaltete. Bereits im darauffolgenden Jahr startete man mit 18 Konzerten in die erste Spielzeit. Inzwischen umfasst das Programm neben Schwerpunkten wie Komponistenporträts und sinfonische Reihen auch Jazzkonzerte und – Weinfreunde aufgemerkt – literarisch-musikalische Weinproben. Wer also zwischen Juni und September den Rheingau bereist, sollte sich vorher unbedingt über das aktuelle Konzertprogramm informieren und sich rechtzeitig Karten reservieren.

★ **Rheingau Musik Festival, Rheinallee 1, 65375 Oestrich-Winkel, Tel.: 0 18 05/74 34 64 (12 Cent/min.), E-Mail: info@rheingau-musik-festival.de, www.rheingau-musik-festival.de**

Prominente Lage: die weithin sichtbare Pfarrkirche St. Peter und Paul in Hochheim

Hochheim und Umgebung

Die Reihe vorzüglicher Weinlagen des Rheingaus beginnt von Osten aus gesehen in Hochheim, jenem Ort, dessen englischsprachige Kurzform „Hock" lange Zeit als Synonym für Rheinwein in der angelsächsischen Welt galt. Manchen Reisenden mag es deshalb überraschen, dass diese berühmte Gemeinde des Rheingaus gar nicht am Rhein selbst, sondern vielmehr am Main liegt. Südöstlich von Wiesbaden gilt Hochheim mit seinen Nachbargemeinden Flörsheim und Wicker als Tor zum Rheingau. Neben dem bekannten Königin-Victoria-Weinberg, der nach dem Besuch der britischen Regentin im Jahr 1845 so benannt wurde, ist es vor allem das Dreigestirn aus Domdechaney, Hölle und Kirchenstück, das hier seit jeher die wertvollsten Lagen bildet. Die Domdechaney, deren ungewöhnlicher Name auf das frühere Eigentum des Mainzer Domkapitels verweist, darf hierbei den Spitzenplatz für sich beanspruchen. Die Lösslehmböden sind in dieser Region deutlich mit Mergeln durchsetzt und von hohem Kalkgehalt geprägt. Dies lässt bei den Rieslingen die Säure ein wenig milder erscheinen, weshalb die Weine hier auch in kleineren Jahren stets als balanciert gelten.

Hochheim | 35 Meter über dem rechten Mainufer gelegen, hat man von Hochheim einen wunderschönen Blick auf das Maintal bis nach Mainz und den Odenwald. Die traditionsreiche Wein- und Sektstadt mit ihrer sehenswerten Altstadt war schon zur Zeit der Kelten besiedelt. Dies belegt die Ausgrabung eines Fürstengrabs, dessen Funde im Otto-Schwabe-Museum zu sehen sind. Im Mittelalter entwickelte sich Hochheim zu einer wichtigen Handelsstadt – der „Hochheimer Markt", einst ein bedeutender Viehmarkt, ist heute einer der größten Jahrmärkte in Deutschland. Wahrzeichen der Stadt ist die barocke Pfarrkirche St. Peter und Paul.

Fachwerkidylle in der verwinkelten Altstadt Hochheims

MEIN LIEBLINGSLOKAL

Restaurant Der Halbe Mond

Winziges, etwas versteckt in einem kleinen Häuschen liegendes Gourmet-Restaurant auf der rechten Rheinseite von Mainz. Nur fünf Tische stehen zur Verfügung, im Sommer kann man auch draußen genießen. Seit Jahren mit viel Liebe von Inge und Thilo Neu geführt. Die Chefin steht allein am Herd und zaubert eine geradlinige Feinschmecker-Küche mit mediterranen Anklängen. Gute Weinkarte.

➲ **Restaurant Der Halbe Mond**
In der Witz 12
55252 Mainz-Kastel
Tel.: 0 61 34/2 39 13

ESSEN & TRINKEN

➲ **Hochheimer Riesling-Stuben**
Wintergasse 9
65239 Hochheim am Main
Tel.: 0 61 46/8 33 10
Gemütliches Weinstubenrestaurant mit Puppenstubenflair in der Altstadt. Elsässisch inspirierte Küche mit Luxusflammkuchen. Sehr gute Rheingauer Weinkarte.

➲ **Restaurant Domäne Mechtildshausen**
65205 Wiesbaden-Erbenheim
Tel.: 06 11/7 37 46 60
www.wjwgmbh.de
Das Feinschmecker-Restaurant auf dem großen Hofgut verarbeitet fast ausschließlich Lebensmittels aus eigener Erzeugung. Große Weinkarte.

➲ **Restaurant La Fayence**
Hauptstraße 34/36
65439 Flörsheim am Main
Tel.: 0 61 45/54 87 77
www.buona-parte.de
Leichte Cross-Over-Küche für Gourmets im neuen Restaurant von Fernsehkoch Michael Beck.

ÜBERNACHTEN

➲ **Hotel Weingut Duchmann**
Mainzer Straße 5-9
65239 Hochheim am Main
Tel.: 06146/9050
www.hotel-duchmann.de
Angenehmes Familienhotel mit Restaurant und Weinprobierkeller.

➲ **Rüsselsheimer Residenz**
Am Weinfass 133
65428 Bauschheim
Tel.: 0 61 42/9 74 10
www.ruesselsheimer-residenz.de
Hotel im modernen Landhausstil am Ortsrand von Bauschheim gelegen.

➲ **Rheinischer Hof**
Dammstraße 9-14
65462 Ginsheim
Tel.: 0 61 44/93 54 00
www.hotelschaefer.de
Idyllisch am Altrheinufer gelegener hübscher Fachwerkbau.

EINKAUFEN

Gecks Weine, Geschenke & mehr
Mainzer Straße 23
65239 Hochheim am Main
Tel.: 0 61 46/83 50 60
www.gecks-weine.de
Große Weinhandlung mit allerlei „Drumherum": Schnäpse, Delikatessen sowie zahlreiche Accessoires rund um Küche, Wohnen und Wein.

Hofgut Domäne Mechtildshausen
65205 Wiesbaden-Erbenheim
Tel.: 06 11/7 37 40
www.wjwgmbh.de
Der Innenhof der Domäne ist einem Marktplatz nachempfunden, um den sich verschiedene Läden mit Bio-Erzeugnissen gruppieren.

ENTDECKEN

Otto-Schwabe-Museum Hochheimer Hof
Mainzer Straße 22-24
65239 Hochheim am Main
Tel.: 0 61 46/90 01 41
Öffnungszeiten: So. 14–17 Uhr
Interessante Exponate zur Geschichte der Stadt Hochheim und des Weinbaus.
www.museen-in-hessen.de

Hochheimer Kunstsammlung in der Villa Burgeff
Mainzer Straße 35
65239 Hochheim am Main
Tel.: 0 61 46/90 01 41
Privatsammlung mit rund 400 Werken internationaler Künstler des 20. Jhdts. von Barlach und Beuys über Picasso bis Vostell. Geöffnet So. 14–18 Uhr.

HOCHHEIMER HÖHEPUNKTE

Hochheim bietet neben vielen reizvollen Guts- und Herrenhäusern mit der Kirche St. Peter und Paul ein schönes Beispiel barocker Architektur im Rheingau. Zwischen 1730 und 1732 von Baumeister Johann Farolsky errichtet, waren nach ihrer Fertigstellung die Finanzen der damals nur 1400 Einwohner zählenden Gemeinde erschöpft, sodass man erst 1775 mit der Ausstattung des Innenraums beginnen konnte. Vor der Kirche können noch Reste der alten Stadtmauer und eines Turmes besichtigt werden. Ebenfalls sehenswert ist das Königin-Victoria-Denkmal in den Weinbergen oberhalb des Mains gelegen, das an den Besuch der englischen Regentin im Jahr 1845 erinnert (siehe Bild Seite 50).

www.hochheim.de

BEWEGEN

Der Weinbergs-Wanderweg
Großartige Aussichten, berühmte Weinlagen, die Mainfront und nicht zuletzt das Königin-Victoria-Denkmal – auf diesem Spaziergang lernt man die Schokoladenseiten Hochheims kennen. Start ist am Mainzer Tor.

49 **DOMDECHANT WERNER'SCHES WEINGUT**
Rathausstraße 30
65239 Hochheim
Tel.: 0 61 46/83 50 37
Fax: 0 61 46/83 50 38
E-Mail: weingut@domdechantwerner.com
Internet: www.domdechantwerner.com

Preisniveau: gehoben
Anmeldung: empfehlenswert
Öffnungszeiten: Mo. bis Fr. 8–18 Uhr, Sa. 9–13 Uhr

HOCHHEIM

DOMDECHANT WERNER'SCHES WEINGUT

Nur wenige Winzerpersönlichkeiten des Rheingaus verdienen es in ähnlichem Maße „Grandseigneur des Weins" genannt zu werden wie der Besitzer des Domdechanten-Weinguts Dr. Franz Werner Michel. Nicht nur durch seine im In- und Ausland weithin geachteten Weine steht ihm dieser Ehrentitel zu, sondern auch durch sein umfassendes Engagement für den Rheingau und den deutschen Wein im Allgemeinen, das er auch durch seine Tätigkeit als Geschäftsführer des Deutschen Weininstituts zum Ausdruck brachte. Dr. Michel ist Nachfahre des berühmten Mainzer Domdechanten Franz Werner, dessen Vater 1780 das Weingut in Hochheim kaufte und auf den die berühmteste Lage des Orts, die Domdechaney, zurückgeht. Bei der Weinprobe mit Dr. Michel verkostet man nicht nur hochwertige Gewächse, sondern wird sich auch vieler interessanter Aspekte der Rheingauer Weinhistorie bewusst.

MEIN TIPP

Nach der Probe im Torhaus der Michel'schen Villa sollte man unbedingt einen kurzen Spaziergang zum Domdechantenhaus neben der Kirche am danach benannten Weinberg unternehmen. Hier hatte der Mainzer Kirchenvorstand seine Sommerresidenz und wurde somit Namensgeber der Lage.

HOCHHEIM

WEINGUT KÜNSTLER

Gunter Künstler konnte kürzlich mit seinem Weingut aus der Altstadt von Hochheim in das repräsentative Gebäude des Sektfabrikanten Burgeff umziehen. In den neuen, großzügigen Räumlichkeiten ist nun eine sehr besuchenswerte Vinothek eingerichtet, in der die hochklassigen Rieslinge verkostet und erworben werden können. Die Familie Künstler kam nach Ende des Zweiten Weltkriegs aus ihrer alten Heimat in Südmähren im heutigen Tschechien nach Hochheim und etablierte sich schnell mit einem der angesehensten Weingüter des Rheingaus. Von Vater Franz Künstler im Jahr 1965 gegründet, führt heute Gunter Künstler das Gut, und mit seiner trockenen Auslese „Goldkapsel" aus der Hochheimer Hölle erzeugt er seit vielen Jahren regelmäßig einen der exklusivsten und feinsten trockenen Rieslinge Deutschlands.

MEIN TIPP

Es ist beachtenswert, dass nun ein Winzer, der den Ruhm Hochheims in den letzten Jahren auch international vermehrt hat, in ein Gebäude eingezogen ist, das ebenso große Bedeutung für die Hochheimer Stadtgeschichte hat. Denn die hier 1837 von Carl Burgeff eröffnete Sektkellerei gilt als erste Keimzelle der bis heute bedeutenden rheinischen Sektindustrie.

50 WEINGUT KÜNSTLER
Kirchstraße 38
65239 Hochheim
Tel.: 0 61 46/8 38 60
Fax: 0 61 46/73 35
E-Mail: info@weingut-kuenstler.de
Internet: www.weingut-kuenstler.de

Preisniveau: gehoben bis Luxus
Anmeldung: nicht erforderlich
Öffnungszeiten: Mo. bis Fr. 8–12 und 13–18 Uhr, Sa. 10–15 Uhr

HOCHHEIM

WEINGUT HIMMEL

Dass ein Weingut namens Himmel einige seiner besten Weine in einer Lage namens Hölle erzeugt, ist eine hübsche Geschichte, die gut zum heiteren Wesen von Annette und Emmerich Himmel passt. Verkosten kann man diese Gewächse ebenso wie die der berühmten Nachbarlage Kirchenstück entweder in der kleinen Vinothek an einer Stehtheke oder aber, wenn man sich zur Probe gerne setzt, ganz ungezwungen am großen Esstisch im Wohnzimmer der Himmels. Das Weingut selbst befindet sich etwas überraschend nicht wie die meisten anderen Betriebe Hochheims in der verwinkelten Altstadt, sondern verkehrsgünstig gelegen in einem Industriegebiet an der Ausfallstraße in Richtung Frankfurt. Für Flair sorgen hier also nicht etwa altes Gemäuer, sondern allein der Charme und die Gastfreundschaft der sympathischen Winzerfamilie. Ebenfalls außergewöhnlich für Hochheim ist, dass hier neben dem Riesling auch bemerkenswerte Spätburgunder erzeugt werden.

MEIN TIPP

Ich probiere hier besonders gerne den kraftvollen Riesling „Alte Reben". Dieser Wein stammt aus über 40 Jahre alten Stöcken im historischen Kernbereich des Kirchenstücks.

51 WEINGUT HIMMEL
Holger-Crafoord-Straße 4
65239 Hochheim
Tel.: 0 61 46/65 90
Fax: 0 61 46/60 15 70
E-Mail: info@weingut-himmel.de
Internet: www.weingut-himmel.de

Preisniveau: bürgerlich
Anmeldung: erforderlich
Öffnungszeiten: jeden 1. Samstag im Monat 11–18 Uhr, sonst nach Vereinbarung

52 **WEINGUT JOACHIM FLICK**
Straßenmühle
65439 Flörsheim-Wicker
Tel.: 0 61 45/76 86
Fax: 0 61 45/5 43 93
E-Mail: info@flick-wein.de
Internet: www.flick-wein.de

Preisniveau: bürgerlich bis gehoben
Anmeldung: nicht erforderlich
Öffnungszeiten: Mo. bis Fr. 15–19 Uhr, Sa. 10–14 Uhr

WICKER

WEINGUT JOACHIM FLICK

Wicker mag vielleicht etwas abseits der üblichen Routen der Weinreisenden im Rheingau liegen, aber es gibt mehrere gute Gründe, warum ein Besuch im dortigen Hofgut Straßenmühle unbedingt eingeplant werden sollte – und die herausragenden Weine der Flicks sind hierfür ein zwar gewichtiges, aber keinesfalls das einzige Argument. Die Energie und Schaffensfreude, mit denen Reiner Flick und seine Frau Kirsten im vergangenen Jahrzehnt das darnieder liegende Hofgut in ein Juwel stilvollen Landlebens verwandelt haben, ist bemerkenswert. Heute umfasst die Straßenmühle neben Weingut, Pferdestall und Wohnhaus mit sehenswertem, liebevoll gepflegtem Garten auch eine zu einem sehr schönen Veranstaltungsraum umgebaute Scheune. Darüber hinaus kann man in einem urigen Hofladen nicht nur die Weine der Flicks probieren und kaufen, sondern auch vielerlei Wohn-Accessoires im Landhausstil erwerben.

MEIN TIPP

Die Monopollage des Guts, der Wickerer Nonnberg, ist ein etwas in Vergessenheit geratenes, herausragendes Terroir für markante Rieslinge und Spätburgunder. Lassen Sie sich die wechselvolle Geschichte dieses Weinbergs erzählen – es lohnt sich.

Erste Blütengrüße in den Weinbergen von Bensheim

Die Hessische Bergstraße

Auf halbem Weg zwischen Darmstadt und Heidelberg am westlichen Fuß des Odenwaldes gelegen, galt die Hessische Bergstraße bis zur deutschen Wiedervereinigung mit nur etwa 440 Hektar Rebfläche als das kleinste unter den deutschen Anbaugebieten. Trotz dieser geringen Ausdehnung genießen aber die um die Städte Bensheim und Heppenheim wachsenden Weine ein hohes Ansehen. Vor allem die ausdrucksvoll-markanten Rieslinge und nicht wenige Eisweine von Weltruf sind hier besonders begehrt. Durch ihre vom Odenwald geschützte, aber zur Rheinebene hin offene Lage wird die Region gerne als der „Frühlingsgarten Deutschlands" bezeichnet. Das bevorzugte Klima und die liebliche Landschaft waren schon vor rund 2000 Jahren der Grund für die römischen Wurzeln des Weinbaus in dieser Gegend. Urkundlich wird der Bergsträßer Weinbau erstmals im achten Jahrhundert im Besitzstandsverzeichnis des Klosters Lorsch erwähnt. Die im 18. Jahrhundert sowohl zu Kurmainz als auch der Kurpfalz gehörende Bergstraße wurde im Jahr 1803 in den hessischen Teil im Norden, der seit 1971 ein selbständiges Anbaugebiet ist, und den südlichen badischen Teil geteilt.

Bensheim | Die größte Stadt des Kreises Bergstraße, zu der auch der Luftkurort Auerbach mit seiner berühmten Burgruine gehört, war im Laufe ihrer Geschichte immer wieder heftig umkämpft. So auch im Dreißigjährigen Krieg, als Schweden und Franzosen die Stadt besetzt hielten. Der „Fraa vun Bensem“ gelang es aber, befreundete bayerische Truppen auf einem Geheimgang in die Stadt zu führen, die die Besatzer in die Flucht schlagen konnten. Heute erinnert ein Brunnen an die sagenhafte Retterin des schönen Städtchens, das seine Gäste mit vielen malerischen Fachwerkhäusern und Adelshöfen wie dem Walderdorffer Hof zur Entdeckung einlädt.

Bensheim konnte seinen ursprünglichen Charakter weitgehend bewahren – hier der Marktplatz.

MEIN LIEBLINGSLOKAL

Weinhaus Blauer Aff | Ein bekanntes, lebhaftes Weinlokal mit langer Tradition. Für mich die wohl schönste Weinstube der Bergstrasse. Die verschiedenen Stuben sind individuell eingerichtet und jede für sich sehenswert. Besonders hübsch auch die halboffene Scheune im Innenhof. Leckere Weinstubenküche, die Flammkuchen und die halben Hähnchen sind legendär. Gute Weinkarte mit allen Top-Erzeugern der Region.

➲ **Weinhaus Blauer Aff**
Kappengasse 2
64625 Bensheim-Auerbach
Tel.: 0 62 51/7 29 58
www.blauer-aff.de

ESSEN & TRINKEN

➲ **Restaurant und Weinbistro Bunter Löwe**
Löwenplatz 6
64673 Zwingenberg
Tel.: 0 62 51/7 55 16
www.bunterloewe.de
Die Betreiber des Weinguts Simon-Bürkle haben hier ein schickes Weinbistro mit bodenständig verfeinerter Küche geschaffen. Terrasse mit Blick auf die Altstadt.

➲ **Restaurant VM**
Borngasse 16
64319 Pfungstadt
Tel.: 0 61 57/8 54 40
Etwas versteckt in einem Hinterhof gelegen gilt das bistroähnlich eingerichtete VM als eine der besten Adressen für Feinschmecker in der Region.

➲ **Weinhaus Zur Hahnmühle**
Friedhofstraße 92
64625 Bensheim
Tel.: 0 62 51/27 48
Hübsches Weinstubenrestaurant mit guter Küche. Besonders lecker die hausgemachten Lammbratwürste.

ÜBERNACHTEN

➲ **Hotel Poststuben**
Schlossstraße 28-30
64625 Bensheim-Auerbach
Tel.: 0 62 51/7 29 87
www.poststuben.de
Familiär geführtes Hotel im Kurbereich von Auerbach.

➲ **Parkhotel Herrenhaus**
im Staatspark Fürstenlager
64625 Bensheim-Auerbach
Tel.: 0 62 51/7 09 00
www.parkhotel-herrenhaus.de
Für Gartenfreunde: Das Hotel Herrenhaus mit Zimmern im Biedermeierstil liegt im berühmten Park Fürstenlager.

➲ **Hotel Bacchus**
Rodensteinstraße 30
64625 Bensheim
Tel.: 0 62 51/3 90 91
www.hotel-bacchus.de

Modernes Hotel im Zentrum. Empfehlenswerte elsässische Gastronomie im urigen Bacchuskeller.

➲ Hotel Felix
Dammstraße 46
64625 Bensheim
Tel.: 0 62 51/8 00 60
www.hotelfelix.de
Modernes, angenehmes Haus unweit des Bahnhofs von Bensheim.

EINKAUFEN

➲ Spargel & Obsthof Wendel
Spargelhof 1
64673 Zwingenberg
Tel.: 0 62 51/7 24 18
In der Saison frisch gestochener Spargel und Erdbeeren aus eigenem Anbau.

➲ Molkerei Hüttenthal
Molkereiweg 1
64756 Mossautal
Tel.: 0 60 62/2 66 50
www.molkerei-huettenthal.de
Rund 25 km östlich von Heppenheim im Odenwald gelegene Molkerei mit interessanten Käsespezialitäten.

ENTDECKEN

➲ Heppenheim
Gut erhaltener historischer Stadtkern mit viel Fachwerk und Kirche St. Peter, auch „Dom der Bergstraße" genannt.
www.heppenheim.de

➲ Lorsch
Die karolingische ehemalige Reichsabtei gehört zum UNESCO-Weltkulturerbe. Außerdem besuchenswert: der Nibelungensaal im Rathaus und das Museumszentrum.
www.lorsch.de

ZU BESUCH IN AUERBACH

Zwei der beliebtesten Ausflugsziele der Region sind im Luftkurort Auerbach, einem Stadtteil von Bensheim, gelegen: Einen herrlichen Ausblick auf die Bergstraße und die Rheinebene bieten der Turm und die Restaurantterrasse des Auerbacher Schlosses. Die gut erhaltene Festung wurde Mitte des 13. Jhdts. von den Grafen von Katzenelnbogen erbaut. In einem Seitental des Odenwalds liegt der Staatspark Fürstenlager, die um 1790 errichtete Sommerresidenz der Landgrafen von Hessen-Darmstadt (siehe Bild). Die nahezu unveränderte Anlage mit Herrenhaus, Prinzen- und Damenbau sowie vielen weiteren Gebäuden befindet sich inmitten eines 42 Hektar großen Parks. Führungen möglich (Infos unter Tel.: 0 62 51/9 34 60).

www.bensheim-auerbach-bergstrasse.de

BEWEGEN

➲ Der Bergsträßer Weinlagenweg
Die 28 km Wanderroute verbindet alle bekannten Weinorte der Bergstraße. Infos unter Tel.: 02 51/1 41 17.

➲ (Rad-)Wandern rund um Bensheim-Auerbach
Zahlreiche Vorschläge für Rad- und Wandertouren finden sich unter:
www.bensheim-auerbach-bergstrasse.de

HEPPENHEIM

BERGSTRÄSSER WINZER EG

Die Bergsträßer Winzergenossenschaft in Heppenheim ist als erster Anlaufpunkt an der Weinstraße sehr empfehlenswert, da hier Gewächse aus fast allen Lagen der Region zur Verkostung bereitstehen. Besonders interessant ist dabei, dass rund 14 Prozent der von der Kooperative auf 265 Hektar bewirtschafteten Weinberge im badischen Teil der Bergstraße liegen und man somit über die Grenzen der Anbaugebiete hinweg verkosten und einkaufen kann. Hierbei sollte man unbedingt auf die guten Selections- und Premiumweine der Linie „Terra Starkenburg“ achten. Ebenfalls empfehlenswert und ein schönes Mitbringsel sind die Sonderabfüllungen der „Wein & Stein“-Serie. Bei den edelsüßen Kreszenzen gibt es einige Schnäppchen zu entdecken. Im großen Verkaufsraum kann man auch Accessoires und Geschenke rund um den Wein erwerben.

MEIN TIPP

Dieser Betrieb erstreckt sich nicht nur über zwei Anbaugebiete, sondern sogar über zwei unterschiedliche EU-Weinbauzonen. Während die hessischen Lagen zur Anbauzone A zählen, fallen jene auf badischer Seite in die Zone B, zu der beispielsweise auch die Champagne oder das Loiretal gehören.

53 **BERGSTRÄSSER WINZER EG**
Darmstädter Straße 56
64646 Heppenheim
Tel.: 0 62 52/79 94 24
Fax: 0 62 52/79 94 51
E-Mail: verkauf@bergstraesser winzer.de
Internet: www.bergstraesser winzer.de

Preisniveau: günstig bis bürgerlich
Anmeldung: nicht erforderlich
Öffnungszeiten: Mo. bis Fr. 8.30–19 Uhr, Sa. 8.30–16 Uhr, So. 10–15 (Jan.–Feb. Sa. 8.30–14 Uhr, So. geschlossen)

54 WEINGUT SIMON-BÜRKLE
Wiesenpromenade 13
64673 Zwingenberg
Tel.: 0 62 51/7 64 46
Fax: 0 62 51/78 86 41
E-Mail: info@simon-buerkle.de
Internet: www.simon-buerkle.de

Preisniveau: bürgerlich bis gehoben
Anmeldung: nicht erforderlich
Öffnungszeiten: Mo. bis Fr. 9–12 und 15–18 Uhr, Sa. 9–13 Uhr und nach Vereinbarung

ZWINGENBERG

WEINGUT SIMON-BÜRKLE

Das Weingut von Dagmar Simon und Wilfried Bürkle scheint die frühlingshaft-heitere Art der Bergstraße geradezu aufgesogen zu haben. Man wird freundlich empfangen und kann sich im hellen, einem Wintergarten ähnelnden Verkaufs- und Verkostungsraum durch eine breite Palette guter Weine probieren, die zu den besten des Anbaugebiets gezählt werden. Neben den Rieslingen sollte man dabei aber keinesfalls den Silvaner aus der Lage Steingeröll übersehen, der ein Spargelwein par excellence ist – und dies ist eine Disziplin, in der man sich in diesem Betrieb besonders gut auskennt, da hier bis vor einigen Jahren noch eigener Spargel angebaut wurde. Doch auch der Cabernet Sauvignon scheint das Klima in Zwingenberg zu mögen. Der verstorbene Mann von Dagmar Simon lernte die Rebe in Südafrika schätzen und hat schon früh damit begonnen, diese Sorte in seiner Heimat anzupflanzen. 1999 gab es dann den ersten Jahrgang dieses bemerkenswerten Rotweins.

MEIN TIPP

Dem Team Simon-Bürkle gelingt nicht nur charaktervoller Rotwein aus der Cabernet-Sauvignon-Rebe, sondern hin und wieder sogar ein Eiswein – eine große Seltenheit bei dieser Sorte.

55 **HESSISCHE STAATSWEINGÜTER – DOMAINE BERGSTRASSE**
Grieselstraße 34–36
64625 Bensheim
Tel.: 0 62 51/31 07
Fax: 0 62 51/6 57 06
E-Mail: schoenherr@weingut-kloster-eberbach.de
Internet: www.weingut-kloster-eberbach.de

Preisniveau: bürgerlich
Anmeldung: nicht erforderlich
Öffnungszeiten: Mo. bis Fr. 8–18 Uhr, Sa. 9.30–13 Uhr

BENSHEIM

HESSISCHE STAATS-WEINGÜTER – DOMAINE BERGSTRASSE

Fast im Alleingang hat das Staatsweingut die Bergstraße ins Bewusstsein der internationalen Weinkenner gerückt. Vor allem die edelsüßen Kreszenzen dieses Betriebs haben Weltruf. Bemerkenswert sind dabei vor allem die Eisweine. Diese Spezialität wurde im Heppenheimer Centgericht 1972 zum ersten Mal im Anbaugebiet geerntet und seit dem Jahrgang 1977 hat man dies in ununterbrochener Folge wiederholen können. Doch auch die trockenen Rieslinge und Burgunder genießen hohes Ansehen und sind eine schöne Alternative zu den rheinischen Gewächsen des Stammhauses in Eltville. Zur Verkostung bietet sich die geräumige Vinothek im Stadtzentrum von Bensheim an, im Sommer sollte man es am Wochenende jedoch nicht versäumen, anschließend auf ein Gläschen und einen Imbiss im Weinpavillon am sehenswerten Rebmuttergarten in Heppenheim vorbeizuschauen.

MEIN TIPP

In den Sommermonaten führt Domainenverwalter Hörr jeweils am letzten Sonntag im Monat bei einem Spaziergang durch den Centgericht-Weinberg. Für zwölf Euro bekommt man neben Aperitif und sieben Proben auch viel Interessantes über Weinbau und Geschichte der Bergstraße zu hören (Anmeldung erforderlich).

BENSHEIM

WEINGUT DER STADT BENSHEIM

1988 wurden die neuen Verkaufsräume an der Bundestraße 3 bezogen, aber die eigentliche Geschichte des städtischen Weinguts reicht gut 500 Jahre zurück. Im Jahr 2000 übernahm dann Betriebsleiter Axel Seiberth auf Pachtbasis den Betrieb von der Gemeinde. Zur Probe wird man im Erdgeschoss empfangen und dann in einen mit Geweihen geschmückten Saal im Obergeschoss gebeten. Interessant ist, dass sämtliche Rieslinge des Guts ganz bewusst während des Ausbaus den biologischen Säureabbau durchlaufen. Sie sollten dadurch auch für Weinfreunde mit empfindlichem Magen besonders bekömmlich sein. Ebenfalls interessant ist die hier kultivierte Rebzüchtung Rotberger, die anderenorts fast nicht mehr angebaut wird. Seiberth erzeugt aus ihr einen süffigen Rosé.

MEIN TIPP

Nach dem Besuch im Weingut empfiehlt sich ein kurzer Spaziergang zum zugehörigen Kirchberghäuschen. Dort hat man einen faszinierenden Ausblick und kann sich mit einem Imbiss und einem Gläschen Wein stärken. Ob geöffnet ist, erkennt man von unten an der gehissten Flagge.

56 WEINGUT DER STADT BENSHEIM
Darmstädter Straße 6
64625 Bensheim
Tel.: 0 62 51/58 00 17
Fax: 0 62 51/6 49 70
E-Mail: mail@weingut-der-stadt-bensheim.de
Internet: www.weingut-der-stadt-bensheim.de

Preisniveau: bürgerlich
Anmeldung: nicht erforderlich
Öffnungszeiten: Mo. bis Fr. 8–12 und 13–16.30 Uhr, Sa. 10–12 Uhr

BENSHEIM-AUERBACH

WEINGUT ROTHWEILER

Hanno Rothweiler ist einer von jenen Charakteren, die es im deutschen Weinbau leider viel zu selten gibt: Ein bisschen schräg, doch konsequent in seinem Tun, bodenständig und doch unkonventionell – und wenn es sein muss, seinen ureigenen Überzeugungen folgend und mit Ausdauer gegen den Strom schwimmend. So ist ein Besuch im erfrischend schmucklosen Probierraum des Weinguts stets ein denkwürdiges Erlebnis, bei dem man nicht nur einige wirklich bemerkenswerte Weine mitnimmt, sondern auch stets interessante Erfahrungen. Zartbesaitete Weinfreunde mag das Selbstbewusstsein des Winzers vielleicht sogar ein wenig abschrecken, aber es lohnt sich, mit Rothweiler ins Gespräch über seine Weine, die Bergstraße und Gott & die Welt zu kommen. Man lernt viel dabei und versteht danach besser, warum seine Weine gerade so und nicht anders schmecken.

MEIN TIPP

So eigenwillig der Winzer, so eigenwillig auch sein Rebsortenspiegel. Natürlich ist Riesling dominierend, aber neben neuen Rotweinsorten wie Merlot und Syrah gilt seine besondere Liebe dem anderenorts oft etwas verpönten St. Laurent. Zu Unrecht, wie Rothweilers Weine aus dieser Rebe beweisen.

57 WEINGUT ROTHWEILER
Ludwigstraße 55
64625 Bensheim-Auerbach
Tel.: 0 62 51/7 65 69
Fax: 0 62 51/78 83 85
E-Mail: mail@weingut-rothweiler.de
Internet: www.weingut-rothweiler.de

Preisniveau: bürgerlich
Anmeldung: nicht erforderlich
Öffnungszeiten: Mo. bis Fr. 17–19 Uhr, Sa. 10–13 Uhr

58 WEINGUT DINGELDEY
Hintergasse 28
64625 Bensheim-Gronau
Tel.: 0 62 51/3 98 16
Fax: 0 62 51/78 06 78
E-Mail: weingutvolker dingeldey@t-online.de

Preisniveau: günstig
Anmeldung: erforderlich
Öffnungszeiten: nach Vereinbarung

BENSHEIM-GRONAU

WEINGUT DINGELDEY

Einfach, natürlich, bodenständig – so könnte man kurz und knapp das winzige Familienweingut Dingeldey beschreiben. Hier gibt es keine Design-Etiketten, keine schicke Vinothek, keine erlesenen Spezialitäten, sondern schlichtweg ordentlich gemachte, ehrliche Weine für jeden Tag. Volker Dingeldey ist hauptberuflich Kellermeister im städtischen Weingut in Bensheim und bewirtschaftet mit seiner Frau im Nebenerwerb einige Weinberge auf noch nicht einmal zwei Hektar. Da drängt sich natürlich der Vergleich seiner eigenen Rieslinge mit denen auf, die er für seinen Arbeitgeber in Bensheim vinifiziert. Während nämlich Letztere eine eher milde Säurestruktur aufweisen, zeigen Erstere eine knackige Rasse. Dies liegt jedoch nicht nur an den unterschiedlichen Ausbaustilen, sondern auch daran, dass die Weinberge Dingeldeys deutlich höher und damit etwas kühler gelegen sind.

MEIN TIPP

Die Auffahrt durch das Gronauer Tal ist bereits ein Vergnügen. Allerdings sollte man bei der Reiseplanung daran denken, dass man auf demselben Weg wieder ins Tal zurückmuss, denn die Straße endet in Gronau. Hier oben ist jedoch ein weites Revier für schöne Spaziergänge. Die Dingeldeys geben hierzu gerne Tipps.

WEINFEST-KALENDER

Bei den folgenden Festen handelt es sich um eine Auswahl. Weitere Weinfest-Termine finden Sie auf den Internetseiten des Rheingauer Weinbauverbands (www.wbv.ak-netzwerk.de), des Weinbauverbands Hessische Bergstraße e.V. (www.bergstraesser-wein.de) und unter www.rheingau.de

➲ Rheingauer Schlemmerwochen
Anfang Mai. Genießer- und Erlebnistage im gesamten Rheingau. Unzählige Veranstaltungen in vielen Weingütern und Gaststätten. Außerdem umfangreiches Rahmenprogramm, von Kunstausstellungen über Konzerte bis zu Weinbergswanderungen. Infos und Termine unter www.rheingau.de

➲ Zwingenberg: Zwingenberger Weinfest
Pfingsten. Vier Tage dauerndes Weinfest auf dem historischen Marktplatz.

➲ Rauenthal: Bubenhäuser Weinrunde
Pfingstmontag. Wandern um die Bubenhäuser Höhe, mit Weinständen der Rauenthaler Winzer.

➲ Lorch: Lorcher Hilchenfest
Drittes Wochenende im Juni.

➲ Kiedrich: Rieslingfest
Letztes Wochenende im Juni. Von den Winzern des Orts als „Fest der Kenner und Genießer“ gerühmt.

➲ Heppenheim: Bergsträßer Weinmarkt
Zehn Tage ab dem letzten Wochenende im Juni. Weinfest in der Altstadt mit viel Musik.

➲ Eltville: Sekt- und Biedermeierfest
Erstes Wochenende im Juli. Mit einem bunt kostümierten Biedermeiervölkchen kann man in Eltville während des Sekt- und Biedermeierfestes an der Rheinpromenade entlangflanieren.

➲ Hochheim am Main: Hochheimer Weinfest
Wochenende Mitte Juli. Traditionelles Weinfest in historischer Altstadt. Neben kulinarischen Angeboten auch Kunstgewerbe. Feuerwerk am Weinfest-Montag.

➲ Wiesbaden: Wiesbadener Weinwoche
Zehn Tage ab dem zweiten Wochenende im August. Großes, überregional bekanntes Weinfest. Mit weit über hundert Weinständen, darunter auch viele Spitzenwinzer des Rheingaus.

➲ Rauenthal: Kirchweih- und Weinfest
Am Wochenende nach Maria Himmelfahrt. Gemütliches Wein- und Volksfest im schönen Ortskern.

➲ Rüdesheim: Weinfest in Rüdesheim
Drittes Wochenende im August. Das „5-Sterne-Weinfest im Rheingau“ in der romantischen Atmosphäre des Marktplatzes. Mit Musik und Tanz.

➲ Bensheim: Bensheimer Winzerfest
Neun Tage in der ersten Septemberwoche. Höhepunkte sind am ersten Sonntag der Winzerfestumzug und am zweiten Samstag das Brillantfeuerwerk.

➲ Johannisberg: Wein- und Sektfest
Zweites Wochenende im September. Stimmungsvolles Fest in der einmaligen Atmosphäre des Spätlesereiter-Hofs auf Schloss Johannisberg. Mit geführten Weinbergwanderungen.

➲ Eltville: Kappeskerb und Weinlesefest
Letztes Oktoberwochenende. Das größte Rheingauer Volksfest zum Herbstabschluss in der Innenstadt und der Kurfürstlichen Burg von Eltville. Mit Umzug der Winzer, Vergnügungspark, Kunsthandwerkermarkt, verkaufsoffenem Sonntag und Feuerwerk.

WEINGÜTER VON A–Z

Weingut Allendorf . . . 45
Weingut Altenkirch . . . 14
Weingut Baron Knyphausen . . . 67
Wein- und Sektgut Barth . . . 75
Weingut Becker . . . 79
Bergsträßer Winzer eG . . . 96
Bischöfliches Weingut Rüdesheim . . . 23
Weingut Breuer . . . 22
Weingut Corvers-Kauter . . . 48
Weingut Dahn . . . 46
Diefenhardt'sches Weingut . . . 78
Weingut Dingeldey . . . 101
Domainenweingut Schloss Schönborn . . . 74
Domdechant Werner'sches Weingut . . . 88
Weingut Eser . . . 54
Weingut Fendel . . . 24
Weingut Flick . . . 91
Weingut Freimuth . . . 38
Weingut Fürst Löwenstein . . . 56
Weingut Georg-Müller Stiftung . . . 77
Weingut Himmel . . . 90
Weingut Hupfeld . . . 50
Weingut Johannishof . . . 35
Weingut Jung . . . 70
Weingut Graf von Kanitz . . . 15
Weingut Kesseler . . . 26
Weingut Koegler . . . 66
Weingut König . . . 25
Weingut Krone . . . 27
Weingut Kühn . . . 51
Weingut Künstler . . . 89
Weingut Lamm-Jung . . . 71
Weingut Lang . . . 73
Weingut Langwerth von Simmern . . . 65
Weingut Mohr Erben . . . 16
Weingut Nikolai . . . 68
Weingut Ohlig . . . 47
Weingut Ottes . . . 17
Weingut Prinz . . . 57
Weingut Prinz von Hessen . . . 34
Weingut Querbach . . . 55
Weingut Ress . . . 76
Weingut Ritter von Oetinger . . . 72
Weingut Rothweiler . . . 100
Weingut Schamari-Mühle . . . 36
Schloss Johannisberg . . . 37
Weingut Schloss Reinhartshausen . . . 69
Schloss Vollrads . . . 44
Wein- und Sektgut Schönleber . . . 49
Weingut Simon-Bürkle . . . 97
Weingut Speicher-Schuth . . . 81
Weingut Spreitzer . . . 52
Staatsweingüter Domaine Assmanshausen 28
Staatsweingüter Domaine Bergstraße . . . 98
Staatsweingüter Kloster Eberbach . . . 64
Weingut der Stadt Bensheim . . . 99
Weingüter Wegeler . . . 53
Weingut Weil . . . 80